catch

catch your eyes ; catch your heart ; catch your mind……

¡LEGALIZE!

歐陽靖

裏東京生存記

SURVIVOR FROM TOKYO

GinOy

目錄 CONTENTS

ホッピー
HOPPY
ホッピー

PREFACE 序 00

「裏」東京

我從來都不是個哈日族，也不想生活在那緊綳的物質化社會。但這幾年人生，我可說是真的看到了東京不為人知的一面……

BLUE
Trust Saloon
ロック&メタル
70,000曲
入口
Trust Saloon

日文中的**「裏（うら）」這個字，有「事物內側」的意思，也指「無法輕易接觸到的部分」**；例如「裏 Menu（うらメニュー）」指的就是餐廳沒有寫在菜單上的私房料理、「裏設定」指的是沒有在電影或漫畫作品中公開的作者隱藏設定元素。而「路地」指的是巷子，「裏路地（うらろじ）」的意思則是「後巷」。

這些年我因緣際會來到日本生活，最初的我跟許多涉世未深的旅人一樣，充滿好奇心與莽撞的勇氣，總想在旅行過程中見識「一般觀光客不知道的事物」、「一般外地人不會去的地方」，但卻未預期到當真正窺見一切後，自己是否還會再對這個城市保有美好印象？世界上大部分事物都有裏外兩側，即便作為一個國際大都市，也會有被外界大眾所輕易理解、以及隱藏在台面之下的特殊文化，包括對台灣觀光族群來說已經熟悉到膩、去到不想再去的日本首都「東京」也不例外。

台灣每年赴日本觀光的人數高達四百多萬人次，其中到東京遊玩的就占了絕大部分；近來廉價航空崛起、一年出入境好幾次的更是大有人在。你對東京的印象是什麼？迪士尼（其實東京迪士尼不在東京，是在千葉縣，關於這一點千葉人很在意）、淺草寺雷門、築地魚市場（現在已遷至豊洲）、涉谷 109 百貨……還是數不清的藥妝店或激安殿堂？若你是個文青旅人，你的東京行程可能會比較偏向下北澤的小劇場、神田的古書店、高円寺的 Live House 或二手市集。若你跟我一樣是個跑者，那晉升世界六大賽之一的東京馬拉松、代代木公園、皇居跑道對你來說也絕對不陌生。的確，東京這個城市對大多數觀光客而言是友善而美好的；想想那壽司店吧檯上肥美的粉紅色鮪魚大腹肉、堆滿香蔥與叉燒的正油湯底拉麵、伊勢丹百貨精緻的購物環境加上一絲不苟的服務態度……這先進國家的社會秩序看似如此有條不紊卻平易近人，但就在一張張滿是「日式笑容」的面孔向你行90度大鞠躬禮之時，誰能意識得到**「裏東京」……也就是「東京所不為人知」那隱藏面的存在？**

我不是日本通，更不是哈日族

我第一次造訪東京的時間算非常晚，2006年，同時那也是我人生中第一次出國觀光。在此之前，我對日本文化的理解有很大一部分是透過芥川龍之介、村上龍或桐野夏生等文學家的作品，在他們筆下的日本社會是緊繃而邊緣的，所有人的情緒都像是拖著長刀行走在氣球表面。年輕憂鬱的我被這些闇黑風格文學深深吸引，進而去研究日本侵略東亞、發動戰爭等歷史背後的民族性動機。

在我的認知之內，**日本人是非常奇怪的；他們對自我與他人過度苛求、重視繁文縟節與高道德標準，但卻是個充滿「性開放」、「自殺」、「自毀」意識的獨特民族**。一些社會觀察研究資料內顯示，戰敗後的屈辱感大大影響了日本新一代藝術家的創作風格，這也使得他們將「變態美學」發揮到極致，包括會田誠、丸尾末廣、佐伯俊男等人的詭譎繪畫，海報大師橫尾忠則的作品在國際間的藝術地位更是崇高……當時，沉迷於非主流文化的我花了許多精力與時間去鑽研，而這些資訊竟然就成為我對「日本」的初始認知。我每期必讀的日系雜誌是地下文化專門誌《BURST》，黑社會、暴走族、麻藥、SM、特殊性癖……這些在當時保守台灣社會絕對搬不上檯面的次文化，居然是近20年前日本大眾刊物的主題內容。

記得曾看過一部紀實日本電影，名字雖記不得了，但我對內容中的一幕特別印象深刻：劇中曾歷經戰亂的媽媽要自己的小孩深思一句話：**「人生比地獄還地**

獄。」這句對現代日本哲學意義甚大的名言來自芥川龍之介《侏儒的話》之中，雖然是寓意深遠且令人玩味的幾個字，但到底是什麼的民族會給幼兒這樣超齡而沉重的教育？這個國家的人，很奇怪。

90年代後期，台灣大眾娛樂產業蓬勃發展，吸收力強的年輕人們對於外來事物也充滿好奇與崇拜，而其中有一個關鍵字「哈日族」在當時蔚為主流，源自台灣作家哈日杏子的漫畫作品，指的是熱愛日本流行文化，進而從生活、外在穿著與思想上都徹底複製日本的台灣青少年們。日本動漫、日本時尚雜誌、日劇、日文歌……在國中校園，我的女同學們一定是穿著短裙跟泡泡襪、手拿SONY的CD隨身聽並播放著「小室家族」的專輯。那段時期，女孩兒們取綽號一定要取個可愛的日文名字；甚至有同學因為自己的阿公阿嬤在日治時代曾被皇民化，就處處宣揚自己其實是個有日本血統的混血兒，彷彿有了大和民族DNA就會顯得更加時尚。

這熱潮在當時的社會爭議不小，有些長輩覺得盲目追崇外國文化不是件好事，更何況台灣也有許多曾參與抗日戰爭的榮民與家屬；但青少年本來就模仿力強，為了追星、追偶像，他們可是能完全拋下大人世界中的國仇家恨。回憶起一個午後，同學們正在閱讀渋谷辣妹風格的時裝雜誌並嘰嘰喳喳討論著，同一天的國文課，喜歡日本文學的老師則介紹了三島由紀夫的自縊與生平……「109辣妹」與「三島由紀夫切腹自殺」……都是日本，但我想這樣極大的反差與衝突就是此文化令人著迷的地方。我的哈日族同學們在出社會之後，做著與日本貿易相關工作，或是移民到日本、跟日本人結婚的也不少，強勢大眾文化確實改變了許多人的生命。雖然我能理解它令人著迷的關鍵點，但**我絕對不是一個「哈日族」，我並不想成為大和民族，也不想生活在那個奇怪而緊繃的物質化社會。**

在24歲之前，我這輩子從來沒有去過海外旅遊，主要是因為清心寡慾的媽媽對玩樂毫無興趣。小時候曾聽長輩說：「女孩子筷子拿得越後面，將來會嫁得越遠。」我總是想盡辦法以不標準的姿勢緊握筷子最前方。說起初訪東京，我的旅遊動機很膚淺；不是去東京迪士尼玩（再重申一次：「東京迪士尼」其實在千葉縣，千葉人很在意這個），更不是去博物館或參加什麼搖滾音樂祭。我的目的是模仿電玩遊戲《人中之龍》的男主角桐生一馬，像他一般站在新宿「歌舞伎町一番街」牌樓下拍張紀念照，只因為身為電玩愛好者的我覺得這樣在「巴哈姆特（台灣著名ACG網站）」哈拉板上發文應該會得到很多GP（哈拉版有GP／BP制度，GP指Good Point，BP則是Bad Point）。

為此，人生第一次搭乘大型客機、人生第一次感到語言不通……我永遠記得第一次抵達東京時的震撼。那是個深秋的晚上，從成田機場轉乘巴士、計程車進入市區，我在高架道路上遙望東京都政府周遭大樓頂的紅色飛機警示燈交錯閃爍，映照著極密集的黑色摩天大廈，那種冷冽氛圍與不苟言笑的計程車司機都讓我腎上腺素飆升。之後當然也如願以償前往東京著名的紅燈區新宿歌舞伎町探險，見到面容凶惡的男子叼著香菸跨越分隔島，穿著亮質絨褲與尖頭靴的皮條客不斷在糾纏路人，濃妝豔抹的酒店小姐站在路邊直發哆嗦……那種身處陌生環境的緊張感異常迷人。這時我才恍然大悟……原來自己打從骨子裡喜歡追尋刺激與新鮮事物！那是我這個土包子第一次離開台灣島，卻打定主意未來要慢慢探索「裏東京」、窺見外國人絕對不知道的另一面。我並不是日本通，更不是哈日族；**我只是一個好奇心比較重的觀光客**。但自此之後，我的筷子就越拿越後面了。

311大地震改變了東京，也改變了我

2011年3月11日，在日本東北方發生令國際難以置信的毀滅級震災，上萬民眾因地震引起的海嘯死亡或失蹤，福島發電廠核能外洩、鄰近的東京首都圈交通停擺……這場巨大災難不僅重挫日本經濟，也影響了日本人久未改變的封閉意識與思維。

地震後的第一個夏天，東京人過得很辛苦。福島核電廠停止運作導致關東地區電力不足，東京人只好不開燈、不開冷氣以「節電」來共體時艱。我在八月份來到東京探望日本友人，適逢盛夏猛暑，白天氣溫高達37、38度令人難以忍受……最痛苦是搭電車的時候，你能想像上下班通勤時間，如此擁擠的車廂內居然沒有冷氣嗎？僅僅三分鐘的車程都會使人窒息！但奇怪的是……非但沒有人抱怨，車廂中還連一點汗臭或異味都聞不到。

「我們每天上班都帶好幾件襯衫在身上，只要汗濕了就換掉，不然體臭會給別人帶來困擾……再辛苦也不能抱怨啊，難道要讓核電廠重啟嗎？」英文說得很好的日本友人是從鄉下離鄉背井來到東京從事金融業工作的菁英分子，在這個「大家都是共同體」的社會風氣之下，「不給別人造成困擾」是所有人民的核心價值。讓東京人過得辛苦的原因不只夏季高溫、節電，還有當時的一個「自肅」風氣；畢竟311大地震帶走這麼多條人命、東北地區還暴露在核災的陰影之下……下了班總習慣到居酒屋來上好幾杯、不醉不罷休的日本上班族也刻意收斂低調，讓整個城市散發出一股哀悼的氛圍。（沒多久後日本政府就出來呼籲人民不要再「自肅」了，因為不聚餐不消費會使災後的日本經濟更加惡化。）

我想應該還有許多人對當時新聞媒體無限重播的311海嘯畫面印象深刻，那種家破人亡的沉重悲痛深深觸動了有愛心的台灣人民，於是台灣募集到史無前例、高達兩百億日圓的賑災款項，而且絕大部分來自民間小額捐款。這個舉動讓日本人非常訝異，他們沒有想到這個距離自己這麼近、人口只有自己五分之一、甚至還被日本殖民侵略過的台灣，居然會如此善待自己。

「因為戰爭的關係，日本人一直以為全世界都討厭自己……沒想到我們是有朋友的……」日本朋友感動地說著，看來淚眼盈眶。原來，日本人並不知道台灣人不僅是把日本當友邦，我們還有很多「哈日族」呢！

「日治時代台灣的鐵路跟水庫是日本人建造的，我們現在還在使用，還有棒球文化等等，所以大部分台灣人都覺得日本很親切喔！」聽我這樣說明之後，日本朋友發出「誒～」的一聲驚呼（就像日本綜藝節目裡常看到的那樣），感覺恍然大悟。

那段時間的東京，真的不管走到哪都會看到店家或民眾自發性掛上「謝謝台灣」的大布條；我入住飯店的時候，還因為拿出中華民國護照，結果瞬間被免費升等到高級大套房。「謝謝台灣！」飯店櫃檯人員一邊這樣說著，一邊舉起雙手將房卡遞給我，這當下讓我既感動又有點不好意思，畢竟地震時我對台灣方收款慈善單位不信任，所以其實沒捐出半毛錢。

311大地震不僅給台日關係帶來正面影響，除此之外，這場天災還震醒了許多不關心時事、不為自己爭取權益的日本「順民」。日本的政治體制跟台灣不太一樣，雖是民主主義國家，但實行的卻是「議會民主政治」，由國會內閣與議會決定首相人選或國家政策；民眾參與度相較之下比較低。而自古以來的皇室世襲制度，也讓大和民族成為「天皇說什麼我們就做什麼」的順民。311大地震震壞的不只是核電廠，也震垮了日本民眾對於掌權者與財閥的信任；數萬民眾走上東京街頭，抗議日本政府包庇財團、欺騙老百姓，男女老少都高舉「原発反対（反核）」標語，沉痛地呼喊著。這一系列的反核運動，在幾位藝文界重量級人士登高一呼後更趨蓬勃，包括世界知名的動畫大師宮崎駿與小說家村上春樹等人。其中身為資深跑者的**村上春樹**，更是提出了**「以跑馬拉松穩定內心」**的方法，這個風氣影響了許多日本創作者與設計師，大家紛紛在跑衣別上有反核標誌的別針或號碼布參與各大國際馬拉松賽事。

地震同年10月，一隻我養了13年，曾陪伴我度過青少年憂鬱症時期，平撫了我喪父之痛的愛貓過世了。這讓我難過不已，卻也下定決心要改變自己，使自己成為一個真正堅強的人，我必須要讓自己通過一個實質而困難的挑戰，來證明未來即便再遇到任何挫折，也都不會墮入以往憂鬱而自我封閉的狀態。我要徹底轉換自己的人生方向。在愛貓火化隔天，我為了重要的模特兒工作必須隻身前往東京，抵達當晚我換上跑鞋跑出飯店，就這麼在南青山的深夜街頭狂奔著，試圖紓壓與宣洩情緒……當下冰冷的雨水打在我的面容上與淚水、汗水糊成一團……我不顧一切地放聲大哭，就在這一刻，我突然意識到「挑戰馬拉松」或許將是一個很好的機會！

為什麼是馬拉松？這因緣要說起我所崇敬的一位日本設計師，他受到311地震後藝文圈的風氣影響而開始推廣跑步文化，與幾位在時裝圈具有影響力的友人成立跑團，每天在東京代代木公園練跑著；從來不運動的我，也因此被他對於長跑的熱愛所震懾到而燃起**「要成為一名跑者」**的念頭。人生際遇就是這樣巧妙，那個晚上，我就在東京南青山街頭對著天上的父親和愛貓發誓：「我一定要完成全程馬拉松！」**我相信，就在我完成42.195公里全程馬拉松那天到來的同時，我也證明了自己已經徹底蛻變成一個堅強的人。**

2013年3月，歷經了嚴謹訓練的我在日本名古屋完成首次全程馬拉松，恰巧完賽隔天剛好是311大地震屆滿兩周年的日子，下午2點46分是地震發生的時間，那一刻，日本全國人民都站在原地靜默一分鐘以示哀悼。

村上春樹所說的「以跑馬拉松穩定內心」看似難以理解，但當我真正成為一名跑者之後，我卻完全沉浸於長距離慢跑為身心靈和諧帶來的神奇力量之中。對日本人來說，「馬拉松」不僅是「運動」，它也跟茶道、劍道、武士道一樣是「修行」，馬拉松跑者必須忍受長時間的肉體煎熬與孤寂，才得以自我超越。之後，我跑遍日本與世界各地的馬拉松賽事，還出版了**《歐陽靖寫給女生的跑步書》**、**《旅跑日本》**兩本關於跑步的書籍，間接影響了一些人開始跑步、走向正面的生活態度……而這一切的一切都是歷經311大地震之後的因緣；這場天災改變了日本、改變了東京，也改變了我跟很多人的人生。

東京男朋友

成為一位推廣運動的跑者作家之後，我常常應世界各地的大會、品牌邀請，或是與旅行團合作出國參賽；一年內甚至可以出國十幾、二十次，幾乎每週都在搭飛機。在2016年之前，我出入境日本國的次數已經數不清，每次通過機場安檢時都會被特別詢問入境動機。

「妳上星期才來過日本，為什麼這星期又來了呢？」

「我是作家，我在出書介紹日本的運動觀光景點，讓很多台灣人來日本玩。」說白一點就是：**老娘在幫日本促進觀光經濟，有什麼問題嗎？**──註❶

雖然大多是為了取材和參加路跑賽，但有時我也只是是單純地遊玩；自學日文之後，少了語言隔閡的我總往偏鄉跑，這些日子我卻鮮少再來到東京都。東京對我來說或多或少已經「膩了」？如果是為了吃美食，日本更多地方有好吃的東西（尤其是鄉下與食材產地），購物也大同小異；在東京能買到的東西，其他地方也買得到。至於對「裏東京」的追尋，我似乎也沒那麼感興趣了……儘管如此，每年卻只有一個時間點會讓我必訪這看似無聊的都市，就是舉行「東京馬拉松」的時候。當初我在跑名古屋女子馬拉松時，認識了來自東京的跑團成員們，有模特兒、設計師、DJ等等，都是些那種常出現在日本雜誌上，非常時尚有型的人。他們會在每年東京馬拉松期間舉辦活動，來自全世界的同屬性跑者可藉此聚會交流。

2014年我本身也完賽了東京馬拉松，自此之後我即使沒參賽，也會到東京為其他台灣跑者加油，順便參加跑團的賽後派對，跟這些長得很好看的日本跑友們喝一杯。

那段期間，我歷經了好幾年幸福愜意的單身生活，對於新感情的可能性完全沒有

註❶

台灣人入境日本免簽證，但單次不可停留超過90天，一年365天之內待在日本境內的天數也不可以超過180天，更不能從事任何商業、打工行為。如果赴日次數過度頻繁又沒有合理理由，日本海關是有權利無條件拒絕入境的，請多加留意！

在積極追尋。我總是以一個「社會觀察者」的態度自居，隻身跑遍世界，認識當地朋友，卻不希望在任何一個地方安定下來。我告訴自己關於姻緣要臨缺勿濫，所以一切佛系隨緣，而緣分具足的時候誰又會知道？某一天，就在某屆東京馬拉松的賽後派對上，我與其中一名東京跑團成員開始交往。我們兩個是舊識，他是位DJ也是攝影師，跟我一樣都喜歡龐克、爵士樂和街頭文化。即便來自不同國家，生活交際圈卻完全沒隔閡，共同朋友也很多。那晚，對我有好感的他在派對上擔任DJ，放了我喜歡的曲子，恰到好處的愉悅氣氛被酒精催化，單身的我跟剛離婚恢復單身的他就這麼一拍即合，迅速無縫接軌地牽手走下去了。命運像是個技巧純熟的DJ，把一首首曲目的節奏都融合得很漂亮，即使是不同語言的歌曲。

「媽，我交男朋友了，是一個日本人……」過些時日狀況穩定後，首次對媽媽的告白是最令人感到忐忑不安的；但其實讓我緊張的不是母親的反應，而是自己不確定的未來……我不知道自己接下來將要面臨些什麼？遠距離？日本男人的沙文主義？日本男人花心嗎？而適婚年齡的兩人是否也將步入人生下一個階段？國際婚姻會遭遇什麼困難？即便有再多疑慮，理智依然抵不過把人迷到七葷八素的衝動情緒……不到幾個月，我們就計畫一起在東京合租房子共同生活了。這個重大的決定又一次徹底地改變了我的人生，我一直認為自己在日本的身分是個「外國人」；我不是日本通、更不是哈日族，我只是個好奇卻不願置身事內的觀光客；而現在，觀光客卻即將變成居民，生活在這個曾讓我覺得緊繃而變態的社會！未來的一切將是不可預期地艱辛日子，我真的能夠得到幸福嗎？

「妳保重，日本男人很GY……」曾交往過日本男友後來分手的台灣朋友這麼說。「嫁給日本人的，婚姻幸福的很少喔……」有親戚嫁去日本的朋友也這樣告訴我。「妳自己好自為之啊！」媽媽雖祝福我，但也笑著像是準備看好戲一般。

對我來說，最大的挑戰不只是如何面對個性GY難搞的日本男人（當然這是一個很大的問題），而是如何在東京這個高壓社會怡然自得地生存？高物價、繁文縟節、一堆不成文的潛規則……我這個粗線條的外國人要如何不去踩到日本人的一堆地雷？曾聽聞在日本工作長住的朋友說起：在日本生存，有個重要的法則是「學會讀空氣」。空氣怎麼讀？日文中如果要罵人「白目」、「不懂人情世故」，可以說「KY」，例如：「你這個KY的傢伙！」

KY兩個字代表「不會讀空氣（空気読めない）」的發音簡寫，是一句口氣滿重

的罵人用詞。在保守而重視禮節的日本社會中，「白目」是社交中的大忌；日本人不會直接表達自己的情緒，但卻要別人去揣測理解自己的規矩，這種察言觀色的功夫，就叫「讀空氣」。日本國土面積有台灣的十倍大，各地風俗民情都有所差異，偏偏東京就是最保守、最冷漠、最在意社會秩序的城市。雖然我理解自己打從骨子裡喜歡追尋刺激與新鮮事物，但接下來人生的最大難關才正要開始！這可不像跑馬拉松只要埋頭苦練、獨自往前跑，當然我也可以放棄融入大和民族，成為離群索居的異鄉人，但這逃避挑戰的做法並不是我的個性。

一個微醺的晚上，我在跟男友聊天，出身自北關東茨城縣的他雖然不喜歡自己那什麼都沒有的家鄉——註❷，但他也不太喜歡東京、甚至討厭全日本。

「日本人都戴著一層面具，假惺惺，尤其是東京人……沒有人值得信任。」這些話從一名日本人嘴裡說出感覺更充滿怨氣。

而我卻回應他：「東京還是國際大都市啊，為了工作機會我們一起加油吧！」不知道是我這個完全搞不清楚狀況的外國人反過來在安慰他呢？還是這些話是講給自己心安用的？

註❷

茨城縣位於東京的東北方，曾連續 6 年被日本全國票選為「最沒有魅力的都道府縣」，主要是因為鐵路交通不便、暴走族多與治安不佳、地震災害多。

往後的幾年人生，我可說是真的看到「裏」東京了；原來這個城市所不為人知的裏側，一定要親身「走進去」才能看得到。來過日本無數次、會不會說日文都不重要，真正的關鍵，就在試圖融入大和民族主流意識與傳統文化當下的衝擊……我是一個從來都不擅長「讀空氣」的白目台灣人，但為了在東京好好生存下去，我只能拚了。

←奔跑在東京的我

對日本人來說，長跑不僅是運動，它也跟武士道一樣是「修行」，跑者必須忍受肉體煎熬與孤寂，才得以自我超越。這個觀念徹底說服了我，讓我成為一名跑者。

↑ 24歲時第一次到東京

24歲的我依偎在鄰近東京鐵塔的飯店窗邊，那次是我人生中第一次出國觀光。這個城市對我來說陌生而值得探索，而我也不知道自己之後將與東京結下不解之緣。

2F
OPEN
花
飲み処
楽

ララ
一階
めぐみ
カラオケ・スナック
5462-4981
パブ
縁
えん
客席30席以上有
飲み放題 1時間 4,000円
カラオケスナック
ララ
2F
麗娜
レイナ
飲み放題 1時間 3,000円
麗
スナッ
秋

板橋

ITABASHI 01

我的東京庶民生活與埼京線上的痴漢

板橋區是不少名店發源地：摩斯漢堡、中本拉麵……住在板橋一點都沒有生活在大都會的感覺，步調慢、物價極其低廉，卻也因為東京最擁擠的「JR 埼京線」而眾所皆知，還有惡名昭彰的「電車痴漢」……

一番搾り
赤星と呼ばれる、
ビールがある。

說實在話，小時候只要聽到哪個長輩住在東京、誰誰誰移民到日本，我心中必定會揣測對方是個不愁吃穿的有錢人，結果還通常都是如此。對於東京的「庶民生活」我是難以想像的，直到長大出社會，逐漸交了一些窮留學生以及「嫁到日本去」的朋友，我才從他們那兒接收到日常生活的瑣碎抱怨，例如交通費有多貴、如何有效率地節省水電開銷預算等等；但還是或多或少會在抱怨中參雜了一點小確幸，包括夏天穿著和服浴衣去看煙火大會，以及春天自己家門口櫻花盛開的景象，結論就是要讓別人羨慕自己住在東京真好，而我也確實有點羨慕他們……直到我自己也開始住在東京。

便宜、便宜、什麼都便宜

剛展開該是令人稱羨的旅日生活之初，我在東京所住的地方叫做「板橋區」，沒錯，就跟台灣新北市的「板橋」一模一樣，但兩方並沒有什麼淵源。新北市板橋區的地名由來是清朝的舊名「枋橋」，意思為「木板所建造的橋」；東京都板橋的名稱由來則是江戶時代的通商道路「中山道」之中跨越石神井川的小橋叫「板橋」。東京都板橋區在江戶時代的地位舉足輕重，因為它是旅人在長途跋涉時必定會留宿的地方，又被稱為全國知名的「板橋宿」；但就在明治維新之後，板橋並沒有像「江戶四宿」的其他成員如新宿、品川一樣發展出大型現代商業設施，屬於東京23區之中極少數的純文教住宅區。位在東京最西北方的板橋有一個很大的特色，就是「什麼都便宜」，無論房租或物價都比東京市中心便宜許多，於是這裡便成了從外縣市「上京」工作的人的住宿首選。我們之所以會決定住在這裡，一大原因也是貪圖它的便宜租金；同樣的價格如果在東京其他區域，可能只能住得像日劇《大和拜金女》中松嶋菜菜子真正的家，狹小擁擠又堆滿雜物；但在板橋，卻可以有陽台、有廳房，還有乾濕分離的浴廁。除此之外，這裡的基本物價也真的比較低，我家樓下超市甚至能見到北海道胡蘿蔔一根日幣15円（等於台幣4元）、洋蔥一顆29円（等於台幣8元）的特價活動；隔壁傳統麵包店賣的黃豆粉甜甜圈則是長期維持在一個20円（等於台幣6元）的定價……簡直比台灣鄉間的物價都還便宜多了！

惡名昭彰的電車「JR埼京線」

為什麼板橋物價房價會這麼低呢？我想主要是因為這邊有幾個讓人住起來不太滿意的地方。首先，這裡沒有大型商業設施，例如百貨公司或大型綜合賣場，只有幾條傳統商店街，如果想要買點名牌服飾或吃高級餐廳，都得跑到稍微南邊的池袋去。再來，板橋地理位置鄰近埼玉縣，而北關東地區的「不良少年」跟騎著改裝機車的群聚「爆走族」是非常興盛的；這使得住在高架道路旁的板橋居民晚上總因為飆車的喧囂而被吵得不得安寧，但最為人所詬病的……其實是惡名昭彰的電車「JR埼京線」。

由JR鐵路公司運營的「埼京線」是一條從埼玉經由板橋通往東京市中心的重要電車幹線，若搭乘埼京線，從板橋車站到新宿只要短短 8 分鐘；幾乎可說是讓北關東居民得以便利來回東京通勤的生活命脈。但它之所以「惡名昭彰」的原因也或許與它的便利性有很大關聯。不知道大家有沒有在網路上看過東京電車上班時間擠到很誇張的照片？站務員幫忙把乘客推上車，還擠到整個車廂都歪掉的誇張景象，而這狀況事實上就天天發生在埼京線月台，尤其是「池袋站」到「板橋站」的區間。雖然東京政府跟JR鐵路公司想了許多方法解決擁擠問題，包括加開班次、更換運載人數較高的列車車型，卻始終無法疏通這全東京乘車率名列前茅的埼京線大動脈。

「我有一次搭埼京線，擠到連乳溝都跑出來了！」住在東京十幾年，胸部並不豐滿的女生朋友如此告訴我……聽起來似乎有點誇張。

成為板橋居民之後，我總是會搭乘埼京線去池袋或新宿逛逛街，但必定會在下班時間的乘車高峰期之前回到板橋以避開人潮。某次我在池袋買東西買得太盡興稍微遲了一些，要回家時恰巧遇上最壅塞的時間點，但因為從池袋到板橋的行車時間只要3分鐘，我想乾脆就擠一擠，反正短短3分鐘也痛苦不了多久是吧？天真的我從池袋站月台排隊上車，當前腳跨進車廂之後突然一陣人潮從我背後強烈推擠而來，把差點摔倒的我硬生生地推到車廂最裡側的車門邊！當下我立即感覺到呼吸異常困難……只好抬起頭、踮起腳尖試圖吸到上方的空氣……但就在我踮起腳之後，卻又有另一批人潮持續湧入車廂，而這居然導致我雙腳呈現完全騰空的狀態！鄰近乘客的公事包壓迫著我的胸口，我想要稍微側個身卻因為腳踩不到地而完全使不上力……缺氧令人暈眩……此時才聽到月台站務員用麥克風大喊：「不要再上車了！車門要關了！請不要再上車了！」對，拜託！趕快關門開車！再撐3分鐘我就解脫了！但緊接著，卻又聽到車廂外有人狂奔而來的腳步聲……天啊！都已經是這個沙丁魚罐頭狀態了，竟然還有人想擠上車！然後就在車門夾到東西，自動開開關關好幾次之後，整台列車終於順利開動……在抵達板橋站之前，這3分鐘，簡直是我生命中最長最痛苦的3分鐘！原來朋友所說「擠到乳溝跑出來」一點都不誇張；我可是被擠到懸空！

還有另一次的難忘體驗……我從新宿站上車準備回家，因為新宿是起站，所以我舒舒服服地站在座椅前，面對我的座位上坐著一名年輕上班族男性。從新宿開到池袋的過程一切正常，但就在進入池袋站月台，車門一開之後……我的媽啊，又是像喪屍一樣的人潮瘋狂衝進車廂！一開始我還努力用手緊握扶桿想撐住自己的身軀，但**喪屍**們實在太洶湧……以致我往前一撲，就這麼把自己的胸部壓在前方座位的男生臉上……而且還越壓越緊！他尷尬地閉上雙眼並側著頭，但他整張臉就埋在我的胸部中……我身不由己無法動彈，但又覺得對他說句「對不起」似乎更奇怪？於是只好保持這史上最尷尬的3分鐘沉默直到到站。

對於「擠電車現象」形成的邏輯，外國人通常難以理解。「就已經客滿了，為什麼還有人要硬擠上來呢？搭下一班又不會死！日本人其實很沒禮貌嘛！」常聽到有在東京搭過通勤電車的台灣遊客如此抱怨。

的確，搭下一班電車只要再等3分鐘，但如果每個人都這樣想，是不是會有很多排在後面的人搭不上電車，因而無法準時到達目的地呢？如果大家都痛苦一點、擠一點，就可以讓更多人上車了不是嗎？而這才是**日本人擠電車的思考邏輯：縮小自己、讓自己不舒服，進而為了謀取大眾的利益**。如果不好好想通這思維，是無法在東京社會怡然生存的。

毛手毛腳的電車痴漢

根據JR鐵路公司統計，埼京線從池袋到板橋區間的高峰期混雜率達到198%，也就是說在完全客滿的車廂內再塞進一倍的乘客——這擁擠度可說是東京第一！如此現象也造成「痴漢」（電車色狼）犯罪盛行，而這才是埼京線「惡名昭彰」的最大原因。搭乘埼京線通勤的女性乘客中，有高達二分之一的人表示曾遇過電車痴漢對自己毛手毛腳。現在東京各大路線電車常可以看到有「女性專用車廂」的設置，讓擠電車上下班的女乘客們有點保障，而全東京最早設立女性專用車廂的就是埼京線；除此之外，埼京線也是全東京唯一「每節列車車廂都裝有監視器」的電車，但即便如此防範嚴密，色狼犯罪比例卻依然不見下降——因為根本抓不到。

住在板橋的3年內，我有遇過電車痴漢嗎？當然有，而且不止一次；最誇張的經驗是某天傍晚我從池袋站擠上車，為了不影響他人，我把從西武百貨超市購得的食材用大購物袋裝著，以雙手小心翼翼地拎在膝前。電車發車啟動後，我卻一直覺得背後有隻手掌緊貼在我的臀部上……但因為當時車廂太擠，那隻手也沒什麼動作，所以我單純地認為那名乘客或許是不小心的。3分鐘過去，車內廣播響起：「即將到達板橋站，板橋站，右側車門打開……」就在車門開啟的同時，擺放在我臀部上的那隻手突然用力地掐住我的屁股肉還擰了一下！我驚慌地轉身想看看是誰犯案卻被大量下車乘客推向門口，而短短一秒鐘內，居然又有另一隻手迅雷不及掩耳地從左前方抓住我的胸部！我嚇到馬上左轉，只看到一個很年輕、似乎是高中生般的男子站在左側門邊……當我跟他四目相交的瞬間，我已經被人潮推出車廂，站在板橋站的月台上了。通常情況下，我是個遇到色狼就會大聲斥責的勇敢女子，但當時我卻只能像隻受驚的小貓般呆站在那兒，腦中一片空白只充滿疑惑……凶手是那個年輕人嗎？以一個襲臀、一個襲胸的位置看來，犯案的絕對是兩個人啊！他們是一個組織嗎？他們是計畫好的嗎？摸我屁股的到底是誰？他們已經下車了？還是繼續留在車上？有其他女性受害嗎？埼京線果真名不虛傳地可怕！而且在這麼擁擠的情況下，車廂內監視器根本拍不到鹹豬手啊！人生第一次……我因為自己沒能及時喊出「有色狼！」而感到懊悔不已。

「我遇到電車痴漢了！」我全身微微微微顫抖，傳LINE給正在工作中的男友。

「妳有沒有受傷？有抓到人嗎？」

「沒抓到人……受傷？我檢查一下……」

這時我才想起住在東京多年的女性朋友曾告訴我；她的友人某次搭乘埼京線時遇到色狼，本以為只是單純被毛手毛腳，之後才發現自己的裙子被小刀割破，皮膚也被劃傷流血；嚇得趕緊去醫院驗血檢查跟報案。之後檢驗結果出爐，雖然傷口沒有感染，但卻也遲遲抓不到凶手……畢竟每天有這麼多人在搭埼京線通勤，即使監視器拍到了也只是大海撈針。

「沒有……我沒受傷……嚇到了而已。」我仔細確認了自己的衣褲有沒有異樣。

「沒事就好……嗯，妳也該高興一下，都已經是個歐巴桑了還有痴漢要摸呢～」

講話一向不正經的男友的回覆讓我大翻白眼……但心情也比較輕鬆了點。

從那天開始，我都盡量不搭乘埼京線，即使坐地下鐵繞路要多花上十幾、二十分鐘的時間才能到達目的地，我也寧願提早出門或遲歸，無論如何就是不想在通勤時間坐上埼京線。可喜可賀的是，如果一般遊客只是到東京玩，那將不太可能有機會搭到JR埼京線；東京都內的地下鐵跟JR山手線就已經非常足夠，雖然高峰期一樣擁擠，但至少沒埼京線那麼誇張與危險。冒著這般風險與痛苦，也得上京打拚工作，這就是北關東居民的庶民生活，也是觀光客不會知道的東京日常；而我著實體驗到了。

大眾美食與「沒有東京感」的恬淡生活

便宜、**便宜**、**便宜**，問起任何一名來自外地的板橋居民為何住在這裡？我想無論是誰都會提到這完全不像是東京23區內該有的物價水平。「外食」是東京生活的昂貴開銷，雖然有便利商店、松屋牛丼、富士蕎麥麵……這些500日圓內就能粗飽的連鎖快餐，但總不能永遠吃這些沒營養又沒情調的東西吧？板橋生活的前一、兩年，我每天都會在家附近的特價超市買食材做料理，不但鍛鍊出炒得一手好菜的功夫也節省開銷；假日偶爾才會到池袋西武百貨B2超市買些和牛、螃蟹或高檔下酒菜，但近來遇上值得慶祝的日子，或經歷一整天的辛勤工作後，喜歡小酌的我們還是會去探尋離家不遠處的美食，尤其是燒肉店跟居酒屋。

講到居酒屋……如果說日本生活有什麼讓我絕對不願割捨的部分，我想就是「錢湯（大眾澡堂）」跟「居酒屋」了。這兩樣東西不僅是日本庶民的休閒享受，它們甚至代表了大和精髓與文化、江戶時代以來數百年的淵遠歷史。我認為日本國土以外的「居酒屋」跟「錢湯」都是偽物，都不能忠實重現在這塊土地上所建構出的氛圍。對我來說幸運的是，板橋有很多大眾澡堂，更別說這裡是東京都內少數有天然溫泉湧出的地方（氯化鈉溫泉，具有弱鹼性和高鹽濃度，可以禦寒護膚）。板橋也有不少家庭式居酒屋跟燒肉店，雖比不上大型連鎖餐廳的品項豐富，但人情味跟獨特感可是完全不一樣。

常有台灣朋友問我：「東京有不歡迎外國人的店家嗎？」

有的，除了情色場所之外，例如一些由媽媽桑經營的卡拉OK小酒吧（スナック）或地方性居酒屋都可能不太歡迎外國客進入；大部分飲食店之所以不喜歡外國人的原因並非「排外」，而是單純的「不知道怎麼溝通」。在板橋車站附近的居酒屋或小食堂多的是連菜單本子都沒有，只有將今日料理用日文手寫紙條貼在牆上的模式，店員也完全不會說英文；如果此時來了一桌不懂日文的外國人，不但在溝通點菜上會有困難，也容易引起旁人側目而造成其他顧客的困擾，所以這些店家通常不接待不會說日文的顧客。日本傳統店家的經營模式實在陳舊保守，他們並不想「更國際化」或是「賺更多錢」，而偏偏這些店家的料理又特別好吃。

說到這類型小吃店，我跟男友晚上常去車站附近的居酒屋「ニュー加賀屋」喝上兩杯。這是一間裝潢極其普通平凡的大眾居酒屋……鋪滿榻榻米、矮桌，牆上貼著麥克筆手寫菜單……價位一般、酒水品質也一般，但每一道料理都做得到位。大家所熟知的「加賀屋」除了高級溫泉飯店之外，在日本也是連鎖居酒屋的名稱；但明明位在板橋的這間店為什麼叫「ニュー加賀屋」呢？其實這個店址是西元1965年「加賀屋」居酒屋一號店開業的地方，但店主後來決定在東京其他地方擴大發展就把創始店收了；之後有人接手重開，所以才叫「ニュー加賀屋（新加賀屋）」。雖然台灣也有許多知名的日式料理店，但往往少了一些在東京能吃到的熟悉味道；「梅水晶」、「塩辛」、「內臟串燒」……這些下酒小菜可說是東京居酒屋的必備項目，幾乎每一家店都能點到，只是不太有國際知名度，所以對外國觀光客來說並不熟悉。

「梅水晶」其實就是酸梅泥拌鯊魚軟骨，有著日本梅子的強烈鹹酸味再加上鯊魚軟骨的Q脆口感，吃起來重口味卻又清爽，但幾經咀嚼後的淺淺魚腥味確實令我不大習慣，男友則是愛得要死。「塩辛」是鹽漬烏賊內臟拌生烏賊肉（各種海鮮魚類都能做塩辛，但烏賊的最常見），各地的居酒屋一定能見到將此淋在熱呼呼奶油烤馬鈴薯上的北海道料理；吃起來意外地鮮美濃郁。至於日本人最愛的「內臟串燒」據說源於關西地區朝鮮移民的難民料理，豬、牛、雞都有；比起吃「肉」日本人更愛吃內臟，這也是為什麼在各處都有「內臟燒烤（ホルモン焼き）」而不是「燒肉」店。我跟男友常散步去車站附近的居酒屋點上這幾道小菜，再加個多汁的烤紅鮒魚下巴、配上熱清酒。比起去裝模作樣的高級餐廳約會，這更是我們兩人樂於沉浸的愉悅時光。

板橋的美食名店還不少，基本上價格都很親民而且絕對吃得飽。日式洋食料理「洋庖丁」曾出現在著名美食漫畫《孤獨的美食家（孤独のグルメ）》篇幅中，這裡的招牌是「黃芥末燒肉定食」跟「漢堡排定食」，我最喜歡的則是外酥內軟的「蟹肉奶油可樂餅」，每道菜大體滋味就是又油又鹹、大火熱炒的鑊香氣十足，配上黃澄澄的咖哩義大利麵沙拉、豬肉味噌湯……大碗定食一套不過八百多日圓卻分量驚人。雖然「洋庖丁」在池袋也有分店，但發源地是板橋；中午經過時一定會見到上班族們在店門口排上長長的隊伍。有趣的是，幾乎只有男性光顧，或許這種重口味的美食對不上一般女孩兒的喜好？也因此我常常成為店中唯一的女性顧客。「洋庖丁」的調味對台灣人來說絕對是太鹹了，但這的確是東京人的普通標準。

登上《孤獨的美食家》的板橋餐廳不止一間，內臟燒烤「山源」曾出現在電視劇版第三季之中，也是本季最令人感到好奇的登場店家。這是一間純家庭式經營的簡陋燒肉店，招牌料理是品項豐富的牛內臟，連子宮（コブクロ）跟睪丸（やホーデン）都有，處理得乾乾淨淨且無丁點兒腥羶味；即使一個大男人吃飽喝足也差不多只要日幣三千多圓，以燒肉店來說是極平實的價格。這間店為什麼令人感到好奇？因為電視劇中把在「山源」用餐必會遭遇的窘境都給拍出來了——就是燻到令人睜不開眼睛，堪稱火災等級的煙霧！內臟本身脂肪多，尤其烤牛腸時總會引起大火跟濃煙，但「山源」不知道是抽風設備不夠強還是怎樣？吃個飯總是搞到像在密閉室內放過鞭炮，客人一個個都是一把鼻涕一把眼淚，咳嗽聲不斷……這間店到底值不值得特別來訪？我覺得它的料理性價比很高、老闆娘也非常親切，但對用餐環境要有充足的心理準備。

板橋是不少名店的發源地；因一道辣蒙古擔擔麵（蒙古タンメン）全國知名、甚至與7－ELEVEn合作推出泡麵也大熱賣的拉麵店「中本」本店就在板橋。順帶一提，這間店的招牌料理還有一道叫「北極」的拉麵，美味卻辣度驚人——連嗜辣如命的我吃過之後都在廁所棲息了一整天。另一個日本全國知名……不，應該說是世界知名的的店家就是「摩斯漢堡」了，很少人知道這間首創米漢堡的日式速食餐廳一號店就在板橋成增（西元1972年開業），至今成增店內部依然掛著摩斯漢堡創業當時的相片。

這3年來，我總覺得住在板橋一點都沒有生活在東京大都會的感覺，恬淡、步調慢、一切簡簡單單，但因為近年男友的攝影師工作常在新宿、渋谷一帶接案，我們也正考慮搬家離開這裡……搬離之後會懷念這個地方嗎？我想我們當初之所以選擇住在板橋的原因，就跟任何一名上京工作的外地人一樣，僅是貪圖一個便宜方便。板橋馬拉松、關東規模最大的荒川煙火大會……雖然板橋也有它無可取代的一面，但我並不認為它是一個具有很大魅力的地方。對於這塊土地，我會存著感謝之情，它讓我體會到東京的庶民生活，讓我學習如何在這環境下生存。接下來的日子我們將繼續前進……但至少不用再搭乘JR埼京線了。

板橋夜晚街景

板橋入夜後是個安靜的住宅區，但在 JR 車站周邊依然有為數不少的居酒屋、小酒吧、柏青哥，大都集中在平尾宿的大街與巷弄中。

↖超便宜服裝店

赤塚的服裝店「のとや赤塚本店」價格驚人，全新褲子、襯衫一件 285 円（台幣 78 元），日幣一百多円的單品也有；而這樣的物價全東京應該也只有在板橋區內能看到。

↑超市便宜蔬菜

板橋區的生活費低廉，我家樓下超市甚至能見到北海道胡蘿蔔一根日幣 15 円（台幣 4 元）、洋蔥一顆 29 円（台幣 8 元）的特價活動……簡直比台灣鄉間的物價都還便宜！

車站痴漢警語

池袋車站的埼京線月台掛著大大的布條──「打擊痴漢：把弱者作為目標的你是個懦夫！」而我就是要從這裡搭車回板橋時遇上電車色狼的雙重襲擊……

痴　漢　追
弱い者 狙うあなたは
池 袋 警 察 署

埼京線
Saikyō Line
池袋・新宿・大崎
りんかい線方面
for Ikebukuro, Shinjuku, Ōsaki & Rinkai Line
2
各駅 埼京線
停車 りんかい線
JR

埼京線擁擠月台

「JR 埼京線」是一條讓北關東居民得以來回東京通勤的生活命脈。不知道大家有沒有看過東京電車上班時間擠到很誇張的照片？這狀況就天天發生在板橋站埼京線月台。

居酒屋加賀屋

車站附近的居酒屋「ニュー加賀屋」是一間裝潢極其普通平凡的大眾居酒屋，但每一道料理都做得到位。這個店址是西元 1965 年「加賀屋」居酒屋一號店開業的地方。

↑↑下酒菜梅水晶

「梅水晶」就是酸梅泥拌鯊魚軟骨，有著梅子的強烈鹹酸味再加上鯊魚軟骨的Q脆口感，但幾經咀嚼後的淺淺魚腥味確實令我不大習慣，日本人則是愛得要死。

↑塩辛馬鈴薯

「塩辛」是鹽漬烏賊內臟拌生烏賊肉，各地的居酒屋一定能見到將此淋在熱呼呼奶油烤馬鈴薯上的北海道料理；吃起來意外地鮮美濃郁。

石神井川板橋

東京都板橋區的名稱由來是江戶時代通商道路「中山道」之中跨越石神井川的這條小橋「板橋」。櫻花盛開時十分壯觀；算是絕對沒什麼觀光客會來的賞櫻景點。

洋庖丁餐廳

日式西洋定食「洋庖丁」曾出現在著名美食漫畫《孤獨的美食家》篇幅中，每道料理大體滋味就是又油又鹹、大火熱炒的鑊香氣十足，本店就在板橋。

黃芥末燒肉定食

「洋庖丁」的招牌菜是「黃芥末燒肉定食」，配上黃澄澄的咖哩義大利麵沙拉、豬肉味噌湯。這裡的調味對台灣人來說絕對是太鹹了，但這的確是東京人的普通標準。

山源燒肉店

內臟燒烤「山源」曾登上《孤獨的美食家》電視劇版之中。這是一間純家庭式經營的平價燒肉店，招牌料理是品項豐富的牛內臟，連子宮跟睪丸都有。

↑烤牛腸煙霧驚人

在「山源」用餐必會遭遇的窘境就是堪稱火災等級的煙霧！內臟本身脂肪多，但「山源」不知道是否抽風設備不夠強？客人一個個都被煙燻到一把鼻涕一把眼淚……

2F
誠
蒙古タンメン
中本
営業時間11:00~24:00 年中無休
TEL 03-5398-1233
エイトゲームス
まえだ

↑ 摩斯漢堡創始店

首創米漢堡的世界知名「摩斯漢堡」日式速食店一號店就在板橋成增（西元 1972 年開業），至今這間成增店內部依然掛著摩斯漢堡創業當時的相片。

→中本拉麵店、中本北極拉麵

蒙古擔擔麵「中本」本店就在板橋，這間店的招牌還有「北極拉麵」，辣度驚人。如果想嘗試的人建議點這套「Ladies Set」，不然要吃完普通分量的北極拉麵簡直像酷刑。

板橋馬拉松

舉行在每年 3 月份的「板橋馬拉松」是板橋區的大事之一。氣候舒適、時限寬裕，可說是場老少咸宜的賽事。路線就是沿著荒川河濱公園跑，景色優美但有些無聊。

板橋
ITABASHI

景點
01 石神井川的「板橋」原址
東京都板橋区仲宿４９－８

超便宜服裝店
02 のとや赤塚本店
東京都板橋区赤塚２丁目２－６
10:00~20:00（週二公休）

居酒屋
03 ニュー加賀屋
東京都板橋区板橋１丁目４９－１３
17:00~23:30（週二公休）

洋食餐廳
04 洋庖丁 板橋店
東京都板橋区板橋１丁目４８－１
11:00~14:15、17:00~22:00
（每週三、隔週二公休）

燒肉店
05 山源
東京都板橋区板橋１丁目２２－１０
17:00~22:00（週一公休）

拉麵店
06 蒙古タンメン中本 上板橋本店
東京都板橋区常盤台４丁目３３－３
11:00~24:00（跨年、元旦公休）

快餐店
07 摩斯漢堡創始店
東京都板橋区成増２丁目１５－１０
06:30~25:00

天然溫泉
08 前野原温泉さやの湯処
東京都板橋区前野町３丁目４１－１
10:00~24:00

板橋 ITABASHI

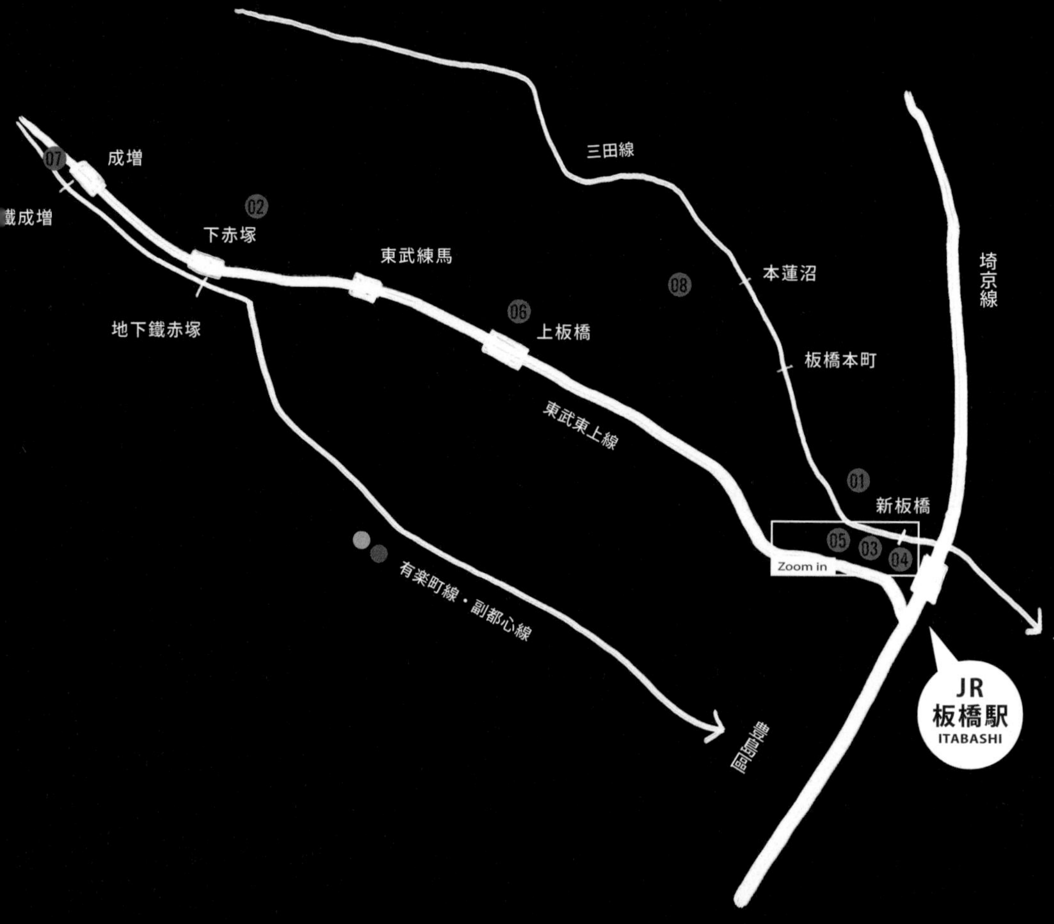
三田線
07
成増
02
鐵成增
下赤塚
東武練馬
本蓮沼
埼京線
08
06
上板橋
地下鐵赤塚
板橋本町
東武東上線
01
新板橋
05
03
04
Zoom in
有楽町線・副都心線
豊島區
JR
板橋駅
ITABASHI

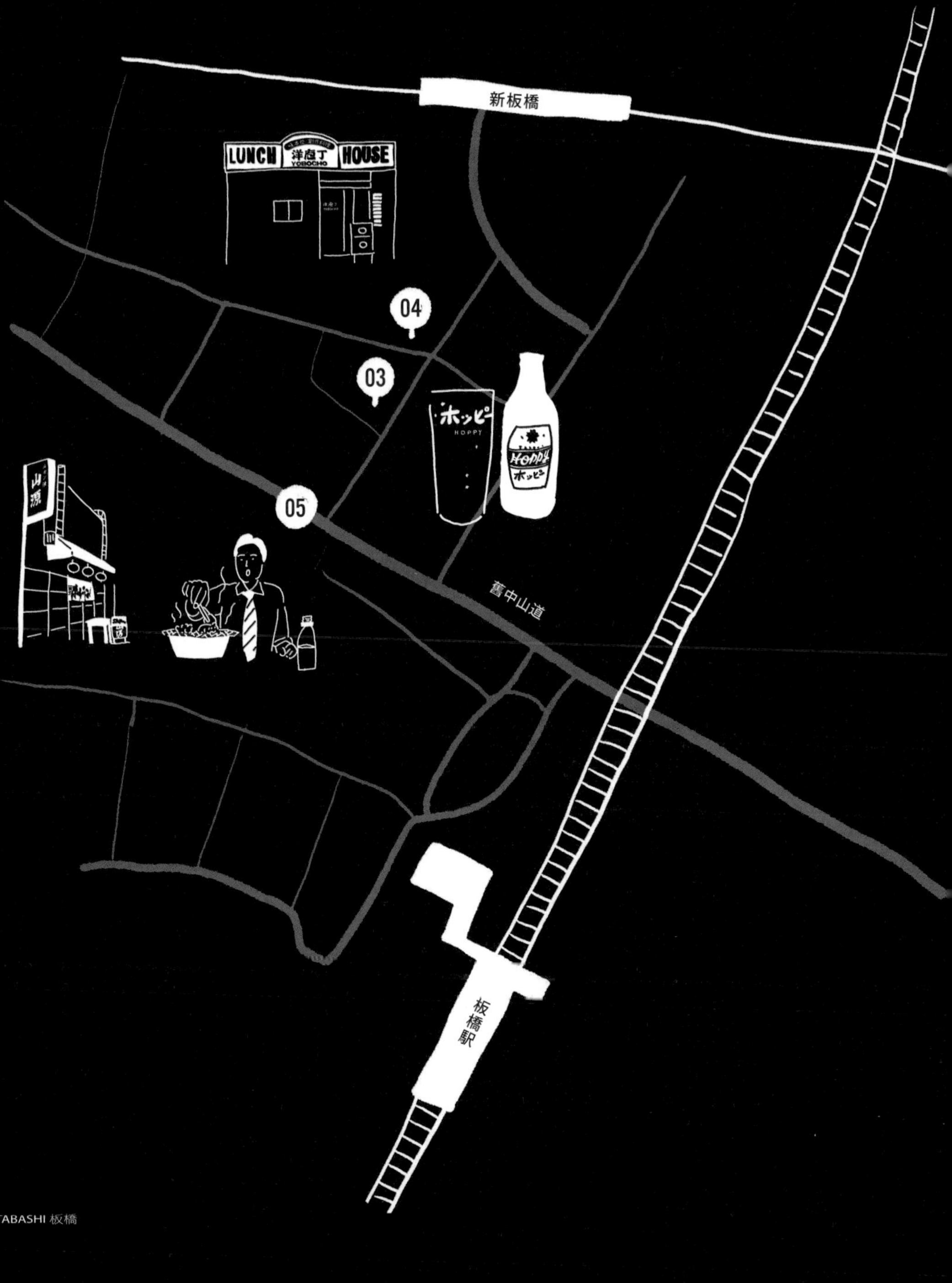
新板橋
LUNCH
洋庖丁
YOHOCHO
HOUSE
04
03
ホッピー
HOPPY
05
山源
舊中山道
板橋駅

池袋

IKEBUKURO 02

被外籍移民改變中的大都會

很難想像，池袋其實充滿神祕感，這裡以前曾是日本戰亂「黑歷史」時期的刑場，也是東京神祕事件大本營，更是外籍移民龍蛇雜處之地。少年罪犯、流浪漢、御宅族；池袋的「裏文化」的的確確存在著……

東京對異鄉人來說真的能成為一個歸宿嗎？當初在找出租公寓時，雖然出面簽約的是日籍男友；但當他老實說出自己有個台灣女友時卻被房東打了回票，沒什麼特殊理由，就只因為房東不想把自己的房子給外國人住。「他說外國人不守規矩，會破壞環境，還會給鄰居帶來困擾……」男友氣呼呼地轉述房東的說法，雖然我聽得滿肚子委屈，但也只能交代他跟下一個房東面試時，千萬不要說出我的存在。到底外國人的融入是在增進日本經濟發展，還是成為社會問題的兩面刃？

震驚全國的池袋北口強姦案

２０１７年8月，東京豊島區的池袋發生了一起震驚全國的新聞事件；光天化日之下，就在每日乘客量高達兩百多萬人次、熙來攘往的池袋車站北口外，居然有一名穿著白襯衫、下半身赤裸的男子在大馬路上試圖強姦女性！目擊者表示受害女子在眾目睽睽下不斷尖叫大喊救命，雖然警方立即趕到並未讓嫌犯得逞，但這不可思議的犯罪行為也引起日本社會輿論撻伐，網民在第一時間紛紛揣測該男的身分與精神狀態。雖然一時喧囂四起，但整起新聞的始末卻更令人感到好奇——這明明是一個有影片、有照片，也有大量目擊證人的誇張治安問題，日本主流媒體卻沒有追蹤報導這個案件，之後整起新聞紀錄更像是**被「和諧」了一樣幾乎從網路上消失**……種種跡象都令人不禁懷疑，難道就連日本官媒也不敢碰觸這已長存於東京、甚至持續改變底層社會的問題：「外籍移民犯罪率」？

池袋是東京與西北部連結的樞紐，交通地域上的重要性極高，也曾是全世界乘客量第二多的車站（世界第一是新宿車站）。這裡有好幾座大型百貨商場與具規模的電器商城，也有紅燈區、電影院，可說是極繁華的商業區域。隨著80年代後期中國政府移民政策開放，池袋的便利性吸引了許多中國移民來此定居。有一說是因為孫中山曾住在池袋，所以中國移民對這裡比較有親切感，但也可能只是因為這裡語言學校多。這些中國移民並不是有錢的投資移民者，他們都是在海外打拚、白手起家的庶民們；為了相互幫助照應之便，他們選擇群聚在池袋北口一帶，而使得這裡成為一個新興起的「中國城」。於豐島區定居的28萬人口之中，外國住民高達3萬人，其中中國人就占了一半比例，近年日本人減少、外國人持續增加的現象更是顯而易見；此外還有越南、尼泊爾等等，共來自108個國家的移民，國際多樣性非常驚人。你可能已經猜到了……那起在眾目睽睽之下發生的強姦事件，嫌犯就是一名外籍移民；撇開政治力介入的可能性，隨著中日關係越趨敏感，我揣測這可能將會被放大解讀成國際問題的案件，媒體報導當然是越低調越好。當然，這也是高水準媒體對外籍嫌犯與受害者的一種隱私保護。

事發的池袋車站北口，是我每星期必訪的地方；因為在這裡有一間叫做「陽光城」的24小時中國超商，裡頭除了販賣在一般日本超市找不到的中華料理食材，也有不少台灣商品；像新竹貢丸、桂冠火鍋餃、台灣鹹鴨蛋、新東陽肉鬆或是妞妞甜八寶，都是足以讓留學生或海外遊子一解鄉愁的懷念味道，價格也不算貴。

「你是台灣來的吧？」每當結帳時櫃檯人員見到我拿了一堆台灣商品，都會用中文跟我攀談上幾句。當然這間超商的客人絕大部分是以中國人為主，但偶爾也能看到對海外傳統食材有興趣的日本人來購買花椒與新鮮香菜；老闆總會以一口流利的日文向他們做介紹。像池袋「陽光城」老闆如此的人，應該就是早期來到東京定居創業的典型中國移民，但如果你再往北池袋的深處探索，將更能感受到這條中華街的神祕氛圍。

首先，步出池袋車站北口的小小階梯，順著左邊走，中間將會經過一間專門播放色情電影、充滿昭和時代氛圍的迷你電影院，然後再散步個幾分鐘，就會進入這一條名為「平和通」的巷子。雖然同樣是中國移民聚集的地方，但這裡卻跟充滿觀光味、日本人也樂於光顧的「橫濱中華街」完全不一樣，平和通的一些中國餐館從招牌到菜單完全看不見半個日文字，只有簡體中文寫著「麻辣烫」、「兰州拉面」、「串串香」……如果你跟店家說日語，有些店員感覺還似懂非懂；更有的年輕人見到陌生日本人會做出閃閃躲躲的詭異行為。雖不能一概而論，但假借留學或觀光之名來日本打黑工的學生其實不少，而池袋北口也確實是移民警察的重點巡邏區域。這裡的移民排外而自成聚落、自給自足，形成了一個神祕的小型社區；商店、餐廳……甚至連專門接待中國客的聲色場所都有，當然酒店小姐也都是中國籍。「平和通」雖然叫此名稱，但其實並不「和平」，這裡曾在多年前發生強盜闖入民宅劫財的案件，也因為屬於紅燈區，尋歡客酒後亂性造成的隨機暴力事件也不少；再加上大量外來人口龍蛇雜處，北池袋便成了東京有名的治安警報區。台灣觀光客來到東京常選擇住在池袋車站附近，這裡交通方便、購物便利，知名的拉麵店家也多，可說是應有盡有……但深藏在熱鬧人潮之下的北池袋區域，就是東京較不為外人所知的「裏側」了。

為了滿足口腹之慾什麼都不怕

身為一個為了滿足口腹之慾什麼都不怕的女子，當我想吃正宗中國料理時，我一定會來到平和通；這裡餐館的口味非常道地，完全沒有為了迎合日本顧客喜好而做過調整。近年來有幾位日本美食家甚至出版專門書籍介紹池袋北口的「本場中華料理」（「本場」意思是「正統的味道」），東京還有個羊肉料理愛好協會，大舉推廣北池袋中國人經營的烤全羊餐廳；這也使得平和通在治安不好的惡名之外，竟成了美食探險家們的勝地。除了中華料理店家外，這裡還有一間極美味且性價比超高的海鮮小酒館「Shrimp Bank」，這間小店的位置非常隱密；在平和通深處、根本不可能會有過路客的辦公大樓夾層中，招牌也小到不行——可以說是標準的「隱藏美食」。熱愛甲殼類海鮮的我因為研究池袋美食資訊而意外發現此店，一訪之後此處便成了每年吃生日大餐的固定餐廳。以整體風格來說這算是間藏酒量豐富的義式酒館，小小的店面中擺放了許多水族箱，裡頭有螃蟹、蝦、貝等大量活海鮮，所以也有點台式海產店的感覺，並不是很優雅，若選擇坐在吧檯的位置，還有可能被水族箱中的蚌類噴得滿臉水。這裡招牌菜是活龍蝦兩吃，龍蝦生魚片鮮嫩彈牙，只要沾上些許海鹽即可感受到不同凡響的甜度……富有滿滿蝦膏的蝦頭剁半熬成兩人份的味增湯，而這樣「兩吃」只要日幣兩千多圓，跟吃兩碗豚骨拉麵差不多價位。另外，酒蒸巨大肥碩的白蛤蜊、貽貝也是一絕，吃完後的湯汁一定要交給師傅拿去煮成義大利麵，吸飽貝類精華的手工雞蛋寬麵可讓如我一般自詡為「海洋殺手」的甲殼類愛好者直奔天堂……但也只要一千多日圓。「Shrimp Bank」週末居然營業到凌晨5點，當深夜酒足飯飽之後步出店外、發現自己居然身處在人煙罕至的北池袋平和通之中……那種奇妙的感覺也是挺醉人的。

生活作息日夜顛倒的我對於深夜美食總是尋尋覓覓，所幸鄰近生活圈池袋的居酒屋非常非常多，但還包括了從一大清早就開始營業的平價居酒屋與串燒店。「朝酒」指的是「在早上喝酒」，雖然乍聽之下不可思議？但池袋有許多為此需求而開設營業的便宜食堂；主要是讓日夜顛倒上大夜班、忙了一整晚的辛苦勞工們下班後也能喝一杯、放鬆一下，但令人感到意外的是——居然也有許多「朝酒」客層是「就是單純想在早上攝取酒精的人」，而這實在不像是會在嚴謹日本社會中存在的現象。池袋北口這邊有一間知名的24小時營業居酒屋「大都會」，這間店開了十幾年，本來賣的是解酒用的蕎麥麵（日本人喜歡吃蕎麥麵解酒），後來卻改成販售各式各樣下酒菜料理的居酒屋。從早上10點到下午6點前，點菜都要用如同拉麵店或快餐店一般的「食券機」自助投幣點餐，生啤酒每杯只要250日圓、下酒小菜更是一盤只要150到450日圓，鮪魚生魚片、炸溪蝦、內臟串燒……應有盡有，讓顧客從一大早就可以花小錢喝個醉醺醺。純粹因為好奇，我曾在某日上午造訪這間距離池袋站北口10秒鐘路程的「大都會」居酒屋，想親眼見識一大早會來喝酒的到底是哪些人？當走下入口處的階梯，整間店裡瀰漫著燒酎與香菸的氣味迎面襲來，讓還處於宿醉狀態的我感到有些作嘔。我走到食券機點了簡單的蕎麥麵，然後就坐在一個偏安的角落位置偷偷觀察其他顧客。不出所料，我是整間店裡唯一的女性客人，其他在喝酒的大都是看起來已屆退休年齡的歐吉桑們，另外還有一些純粹來吃早餐的上班族。除了「大都會」，北池袋還有好幾間24小時營業的居酒屋；包括鄰近西口的「帆立屋」、「若大将まつしま」……這些店的共同特色都是便宜，以一個人的座位居多。

「別人的早餐是咖啡配三明治，我的早餐卻是燒酎配上燉煮豬腸」——雖感覺不合常理、料理也算不上多厲害，但這種「朝酒」文化卻展現了部分日本中年人的獨特生活態度。

以北口的拉麵來說，「麵屋 Hulu-lu」是我很喜歡的一間店，雖然賣的是拉麵，但小小的店內全都是夏威夷風情裝飾；清爽的柚子醬油湯底配上全麥細麵非常美味，即便距離車站頗遠，也不在鬧區大街上，但營業時間總是大排長龍。附近的「池袋壬生」是「肉蕎麥麵」名店，與一般蕎麥麵給人清淡優雅的印象不同，「肉蕎麥麵」是種特別而粗獷的蕎麥麵吃法，冷麵沾上大蒜辣油或咖哩醬，分量驚人而且生雞蛋吃到飽，簡直是男性勞工福音。這兩間店都令人驚豔，我光顧了幾年卻從沒見過外國觀光客來訪；為了一飽口福，到池袋北口探險是絕對必要的行程，東京老饕們深諳此道。

I.W.G.P.

就許多面向而言，池袋這個區域跟「新宿」真的頗類似；大型交通轉運中心、商業設施、犯罪……但池袋還是有屬於自己的文化與不可取代的特色，只是難懂了點。我有位假文青朋友在東京住了很多年，卻從來沒到過池袋，因為池袋在他的生活日常中沒有任何非去不可的理由；購物、飲食、娛樂、轉車全都在渋谷新宿周遭即可以解決，厲害的藝文風選物店、文青咖啡也不會在池袋設點，所以何必要來到這個沒什麼質感的地方？事實上，從昭和40年代開始，池袋就成立了許多表演藝術空間，包括「東京藝術劇場」等等大型表演場，隨之也造成了小劇場、地下實驗劇場群聚的文化；因為池袋的人口與社會複雜度夠高，這裡更是大眾文學名作的主要場景。西元2000年，名編劇宮藤官九郎把石田衣良的小說作品《池袋西口公園》改編成電視劇，在台灣播出期間曾引起非常大的轟動（可能是因為演員選角都是些帥哥美女），之後我也拜讀了原著小說，書中對於幫派、流浪漢、御宅族的描寫透徹，讓我初次詫異於東京邊緣人口與罪犯的存在。

《池袋西口公園》被簡稱為「I.W.G.P.」，雖然已經是二十幾年前的作品，但除了小說、電視劇，直到現在也還常被改編成舞台劇，一直以來都是經典之作。我人生中第二次來東京就是住在池袋，當時是為了參加在千葉縣海濱幕張盛大舉行的「東京電玩展」而來到日本，旅行社非常用心地將大家的住宿安排在池袋區。為什麼說是非常用心？因為池袋除了交通、生活便利之外，還有一個很大的特色。動漫文化盛行，是僅次於秋葉原的御宅族勝地。池袋不禁是日本最大動漫相關商品專賣店「animate」本店所在地，也發展出自成一格的「女性向」特色；

不是「女僕店」，而是服務員全裝扮成男管家的「執事店」，販賣BL同人誌讀物的店家比比皆是，住在這裡可以說是極貼近日本動漫文化核心，由於會報名參加東京電玩展的團員全為ACG愛好者，所以才說旅行社非常用心。

在那次訪日的第一天，我的第一站就是鄰近旅館的「池袋西口公園」，我想看看這個地方到底跟小說、電視劇當中的描述有些什麼差別？結果不但沒看到不良少年群聚，也沒什麼流浪漢（有一些零星的紙箱四散在角落，可能是大白天都出去活動了？）整個池袋西口公園乾乾淨淨地，還散發出一股和諧的藝文感，氣氛普通到就像非週末時的大安森林公園。略感失望的我在池袋繼續閒逛卻迷了路，走著走著意外來到另一個規模較小的公園，在這裡我卻察覺到不太尋常的景象……明明是平日上學時間，居然有數名穿著高中制服的女孩在公園中或站或坐，她們低頭滑著手機似乎在聯繫些什麼？每個人的百褶裙都短到不能再短。

「這……該不會是傳說中的『援交』吧？」我在心中立刻湧現如此念頭，接著就看到西裝筆挺的男性跟著其中一位女孩離開了……後來我才知道，這個公園叫做「中池袋公園」，以可愛的貓頭鷹雕像聞名，而這的確是東京有名的「援交熱點」，有不少未成年少女在此進行性交易前的會面。但近幾年狀況改變，這裡援交妹變少，反而多了大批進行動漫同人誌販售的女孩，畢竟未經申請的公開群聚交易在東京屬於違法行為，所以中池袋公園一直是個讓警察們很頭痛的地方。

池袋的過去與現在實在差異甚大；在江戶時代，池袋只是一個農村，因為有個「袋狀的水池」而得名，完全稱不上熱鬧，二次大戰時期甚至是專門居留政治犯的「巢鴨監獄」與刑場所在地；但現在，池袋車站是全世界第二繁忙的大站，來來去去的人潮也使得這裡的商業設施依然持續發展，完全不見飽和。一個複雜、具有貧富差距的大都會，一定能衍生出具文學性的創作。有「日本推理之父」之稱的文學家**江戶川亂步**生前也定居在西池袋，他認為池袋區的不安定與活力能滋養他的靈感。假文青朋友不喜歡池袋、覺得池袋不夠有質感；對一般觀光客而言，池袋的好處也就是交通便利、唐吉訶德激安殿堂、電器店，以及大量的橫濱家系重口味拉麵。但對我來說，池袋本身散發出一股特別的氛圍，不如新宿區的「成熟感」，反而是個依然在探索自我立足點的社會結構。《池袋西口公園》不愧為經典之作，石田衣良把這裡的種種違和感都表現到味，現在回想起內容來還是餘韻猶存。男友曾說他認識I．W．G．P．內角色發想的幾位真實人物原型，他們都是些東京地下文化圈的大前輩，有人後來因為毒品跟暴力事件坐牢了，也有人繼續留在池袋做獨立DJ，專門放動漫混音歌曲。

西元２０１９年底前，池袋西口公園與中池袋公園兩處皆被地方政府封鎖起來進行大改造，東京豊島區將成為「東亞文化都市」重鎮。雖不知道是第幾次大興土木？但足以證明了這個城市依然在變遷中。

順帶一提，要在池袋西口公園附近「買醉」很簡單，這裡實在有太多值得一去的名酒場；而我認為老鋪居酒屋才是真正能貼近當地人生活的「藝文場所」。西口有間出名的居酒屋老店「ふくろ」，這間昭和時代創業的老店從早上8點就開始營業，料理非常便宜，下班時間後總坐滿穿著西裝的上班族，香菸味刺鼻而嗆人。當顧客酒酣耳熱、說話越來越大聲之際，想跟櫃檯的大姊點餐就只得扯開喉嚨大喊：「來一杯生啤酒！」如果大姊聽到了，她會用更大的聲音回應：「一杯生啤酒！」性格豪爽的大姊是韓國移民，她充滿元氣的回應幾乎成了這裡的特色。但說起池袋最有代表性的居酒屋老店，絕對是西口的「千登利」，這是全池袋歷史最悠久的串燒居酒屋，老闆娘是熟知池袋進化史的傳奇人物，而招牌料理是燉煮了半世紀以上的大鍋「牛肉豆腐」；這濃郁的滋味半世紀內不知道在動亂之中溫暖了多少人的心和胃？

看不見的東南西北

「你知道池袋的吉祥物貓頭鷹是怎麼來的嗎？」

「因為「貓頭鷹（FUKUROU）」的發音跟「池袋（IKEBUKURO）」有點像？」

我隨便答道。

「沒錯，池袋乍聽之下就是一個這麼膚淺的地方……但貓頭鷹看得到我們看不到的東西。」一位對「都市傳說」很有興趣的日本友人曾這樣跟我聊到，或許就因為這裡以前是日本戰亂「黑歷史」時期的刑場，池袋也是東京神祕事件大本營。

東京都豊島區其實滿小的，頂多比台北市大安區大一點點而已；其中包含了池袋、巣鴨、大塚、駒込、目白等區塊，而僅是池袋就分成東、西、南、北四個部分，而且還各具特色。對我這鄰近的板橋區居民來說，池袋就有如「首都」一般的存在，從板橋搭乘JR電車來到池袋只要3分鐘，而每天最令我感到小確幸的行程就是逛逛西武百貨的地下美食賣場。池袋有西武百貨，也有東武百貨，但「西武百貨」其實位在「池袋東口」，「東武百貨」反而在「池袋西口」，外地人常常弄錯。

話說這是由於多年前「東武鐵道公司」率先在池袋建設鐵路與共構設施，但建設位置靠近池袋西邊，之後西武鐵道公司只能在其東側繼續開發，所以才造成這個錯亂現象。如果要比較東武百貨跟西武百貨哪個比較好？我想我絕對支持西武！西武百貨腹地非常廣大，除了有愛馬仕、LV等等一線大牌，販售熟食與甜點伴手禮的地下街更是被東京人票選為「首都圈最受歡迎百貨地下賣場」。當走進乾淨明亮的西武百貨B2，就能見到一大排數不盡的攤商在叫賣著，熟食品項豐富程度非常驚人！無印良品、日系雜貨LOFT、頂樓露天餐飲區……西武百貨什麼都有，其實東武也非常類似，但總覺得少了那麼一點完善感。除了西武百貨，池袋東口還有BIC CAMERA本店、Hands手創館、太陽城王子飯店與大型商場。如果你是為了購物與美食行程而來到東京，只要住在這一區即可圓滿所望；但如果你是為了感受東京的優越時尚文化而來，池袋絕對會令你感到失望。池袋路人的穿著品味曾被綜藝節目票選為「東京首都圈最不時尚」的區域，實際走在街頭即可發現雖不乏帥哥美女，但總是打扮隨便而俗氣；要說最有特色的，反而是出現在「K-Books」附近、乙女之路（乙女ロード）上大量「蘿莉塔」風格裝扮的女孩與動漫 cosplayer 們。

池袋的商業中心在東池袋與西池袋，北池袋因為漸成「新中國城」而知名，至於接近高級住宅區「目白」的南池袋則是比較安靜的區域，其中「雜司谷靈園」是許多名人長眠之處，包括大文豪夏目漱石、怪談小說家小泉八雲、藝術家竹久夢二等人，幾乎可說是與港區南青山的「青山靈園」相提並論的觀光墓園；常常能見到有日本觀光客來參訪這些歷史名人的墓碑。在日本宗教文化中，墓園並不是什麼不好的地方，所以常能在市中心精華地段見到大量墓碑，而即使鄰近墓園的房地產也不會比較低價。

如果問到我最喜歡池袋的那個地方？我想我會回答**池袋車站**，**那兒像是一個通往異世界的入口**，**也是個進行社會觀察的好據點**。關於池袋的都市傳說有很多，包括能在池袋車站附近見到兩位怪怪歐吉桑；一位是以驚人平衡感頭頂保特瓶快走的中年男子，另一位是身穿女裝、抱著大量「Q比娃娃」的老頭……我親眼見過後者，但當我告訴別人時，別人都告訴我他其實是不存在的……

「為什麼我當時沒有拿出手機把他拍下來呢？」這幾年間我一直詢問著自己，但我的腦海中卻能清楚浮現那個老頭的身形、長相、衣服顏色……而他身上的所有Q比娃娃都在注視著我。

1999年9月8日正中午，東池袋的Hands手創館門口發生了隨機殺人事件，一名手拿菜刀的年輕男子無預警攻擊路人，造成2人死亡、6人輕重傷。犯人的動機無關地緣，就只是單純地不堪人生受挫而激發出反社會性格，而他最終被日本法院判處死刑。豐島區是全日本居住人口密度最高的自治體，人口稠密的地區自然犯罪率高，但其實在池袋比例最高的犯罪事件僅僅是腳踏車竊盜事件，以及商店扒手而已；這些小型竊盜案也是外籍移民犯罪常見的項目，像東池袋隨機殺人事件這樣犯下重大刑案的外籍移民反而完全沒有。2017年8月在池袋北口的「光天化日強姦事件」只能算是特例，這種令人瞠目咋舌的狀況過往從沒發生過，也難怪保守的日本媒體會低調處理。歷經了江戶時代以來數百年的「鎖國政策」，日本至今依然是一個非常封閉的國家，無論文化、思想都跟世界上其他國家都不太一樣；**對現代地球村、世界共同體的核心價值觀而言，大和民族還有許多必須改進的地方，尤其是對外來住民的包容與理解。**

有人說：「豊島區即將消失。」那是因為此區的住民生育率一直在大幅下降，但也有人說豊島區不是「消失」，這裡反而將會因為外籍移民的持續增加，而進化成東京最具「國際性」的大都會。我非常喜歡池袋，因為池袋充滿神祕感，而且還沒被定位。池袋的「裏文化」的確存在著……或許只有如隨處可見的吉祥物貓頭鷹一般敏銳，才能看得清楚透徹。

↑↑北口中文標示

池袋北口幾乎是個新中國城，就連車站入口看板都以中國移民為廣告訴求對象。於豐島區定居的 28 萬人口之中，外國住民高達 3 萬人，其中中國人就占了一半比例。

↑北口色情電影院

由池袋北口前往平和通時會經過一間專門播放色情電影、充滿昭和時代氛圍的迷你電影院，這樣的小戲院在東京的紅燈區內還不算少，至今依然有懷舊的常客光顧。

池袋北口案發地點

2017 年池袋發生了一起震驚全國的新聞事件：光天化日之下，就在這個池袋車站北口外，居然有一名下半身赤裸的男子在大馬路上試圖強姦女性！當時目擊者非常眾多。

パーラー富士
10倍
クラタセブン
2店舗になってパワーアップ!
ドーンと買います!
本店
駅前店
遊大陸
池
袋
駅
Ikebukuro
Station

平和通街景

北池袋這一條名為「平和通」的商店街，充滿了外籍移民群聚的神祕色彩。「平和通」其實並不「和平」，這裡曾在多年前發生強盜隨機闖入民宅劫財的案件。

北口中國店面

北池袋跟充滿觀光味的「橫濱中華街」完全不一樣，一些中國餐館從招牌到菜單完全看不見半個日文字。這裡的移民排外而自成聚落，形成了一個神祕的小型社區。

陽光城商店

中國移民經營的「陽光城」超商24 小時營業，是留學生的一大福音。裡頭除了販賣在一般日本超市找不到的中華料理食材，也有不少台灣商品。

へいわ通り
自転車を除く
花と緑
自転車を除く
福山通運

Shrimp Bank 小酒館

極美味且性價比超高的海鮮小酒館「Shrimp Bank」位置非常隱密；在北池袋深處、根本不可能會有過路客的辦公大樓夾層中，招牌也小到不行，可以說是標準的「隱藏美食」。

Shrimp Bank **料理**

「Shrimp Bank」小小的店面中擺放了許多水族箱，裡頭有螃蟹、蝦、貝等大量活海鮮。這裡招牌菜是活龍蝦兩吃、酒蒸巨大肥碩的白蛤蜊，都只要一千多日圓。

大都會居酒屋

「朝酒」指的是「在早上喝酒」的文化，池袋北口有一間知名的 24 小時營業居酒屋「大都會」，讓顧客從一大早就可以花小錢喝個醉醺醺。

↑壬生蕎麥麵

「池袋壬生」是「肉蕎麥麵」名店，與一般蕎麥麵清淡優雅的印象不同，「肉蕎麥麵」是種粗獷的蕎麥麵吃法，冷麵沾上大蒜辣油或咖哩醬，分量驚人而且生雞蛋吃到飽。

↑帆立屋池袋ときわ店、居酒屋若大將

「帆立屋池袋ときわ店」與「居酒屋若大將」也都是 24 小時經營的居酒屋，這些店的特色是「便宜」、客層以西池袋附近的工作者或居民為主。

↑↑麵屋 Hulu-lu

「麵屋 Hulu-lu」是我很喜歡的一間拉麵店，小小的店內全都是夏威夷風情裝飾；清爽的柚子醬油湯底非常美味。地點離車站頗遠卻是排隊名店，外國觀光客比較不知道。

巢鴨監獄紀念碑

二次大戰時期，池袋是專門居留政治犯的「巢鴨監獄」與刑場所在地，至今依然有相關人士與遺族來東池袋中央公園的慰靈紀念碑前獻花。

池袋動漫文化

池袋動漫文化盛行，是僅次於秋葉原的御宅族勝地，但池袋卻發展出自成一格的「女性向」特色。「乙女之路」的客層全為女性動漫愛好者，見不到半個「宅男」。

雜司谷靈園

「雜司谷靈園」是許多名人長眠之處，包括大文豪夏目漱石、怪談小說家小泉八雲等人，幾乎可說是與港區南青山的「青山靈園」相提並論的觀光墓園。

↗ 施工中的西口公園

2019 年底前，池袋西口公園與中池袋公園兩處皆被地方政府封鎖起來進行大改造，東京豊島區將成為「東亞文化都市」重鎮，足以證明了這個城市依然在變遷中。

→ I.W.G.P. 原著小說

石田衣良的《池袋西口公園（I.W.G.P.）》系列小說中對於幫派、流浪漢、御宅族的描寫透徹，一直以來都是經典之作，而這的的確確就是「裏池袋」。

↑居酒屋千登利

「千登利」是全池袋歷史最悠久的居酒屋，老闆娘是熟知池袋進化史的傳奇人物，這半世紀內不知道在動亂之中溫暖了多少人的心和胃？

↑居酒屋ふくろ

池袋西口有間居酒屋老店「ふくろ」，這昭和時代創業的老店從早上8點就開始營業，料理非常便宜，下班時間過去總坐滿穿著西裝的上班族，香菸味刺鼻而嗆人。

貓頭鷹雕像

如果問到我最喜歡池袋的那個地方？我想我會回答池袋車站，那兒像是一個通往異世界的入口。池袋區將貓頭鷹當成吉祥物，而貓頭鷹看得到「我們看不到的東西」……

Hands 手創館案發地點

1999 年，東池袋 Hands 手創館門口發生了恐怖的隨機殺人事件：一名手拿菜刀的年輕男子無預警攻擊路人，造成 2 人死亡、6 人輕重傷，而他最終也被日本法院判處死刑。

池袋
IKEBUKURO

商店
01 陽光城
東京都豊島区西池袋１丁目２５－２

餐廳
02 Shrimp Bank
東京都豊島区池袋４丁目２６－１１
週二～週四、週日、國定假日 18:00~26:00
週五、週六 18:00~29:00
（週一公休，跨年、元旦公休一週）

居酒屋
03 大都會北口店
東京都豊島区西池袋１丁目２９－１
24 小時營業

居酒屋
04 帆立屋 池袋ときわ店
東京都豊島区池袋２丁目４０－１
24 小時營業

居酒屋
05 若大将 まつしま
東京都豊島区西池袋１丁目２６－５
週二～週六 24 小時營業
週日 23:00~ 隔天週一早上 09:00 公休

拉麵店
06 麵屋 Hulu-lu
東京都豊島区池袋２丁目６０－７
週一、週三～週六 11:30~15:00、18:00~21:00
週日、國定假日 11:30~15:30
（週二公休）

蕎麥麵店
07 池袋壬生
東京都豊島区池袋２丁目７３－３
週一～週六 11:00~16:00、17:30~22:00
週日、國定假日 11:00~16:00、17:30~21:00

景點
08 池袋西口公園
東京都豊島区西池袋１丁目８－２６

動漫商店
09 animate 本店
東京都豊島区東池袋１丁目２０－７
10:00~21:00

景點
10 中池袋公園
東京都豊島区東池袋１丁目１６－１

景點
11 江戶川亂步故居
東京都豊島区西池袋３－３４－１

居酒屋
12 ふくろ
東京都豊島区西池袋１丁目１４－２
08:00~14:30、15:00~24:00

酒屋
13 千登利
東京都豊島区西池袋１丁目３７－１５
週二～週五 16:30~22:30
週六、週日 16:00~22:30（週一公休）

百貨公司
14 西武百貨
東京都豊島区南池袋１丁目２８－１
10:00~21:00

百貨公司
15 東武百貨
東京都豊島区西池袋１丁目１－２５
10:00~20:00

居動漫商店
16 K-Books 乙女館
東京都豊島区東池袋１丁目１５－１
11:30~20:00

景點
17 雜司谷靈園
東京都豊島区南池袋４丁目２５－１

商店
18 Hands 手創館
東京都豊島区東池袋１丁目２８－１０
10:00~21:00

池袋 IKEBUKURO

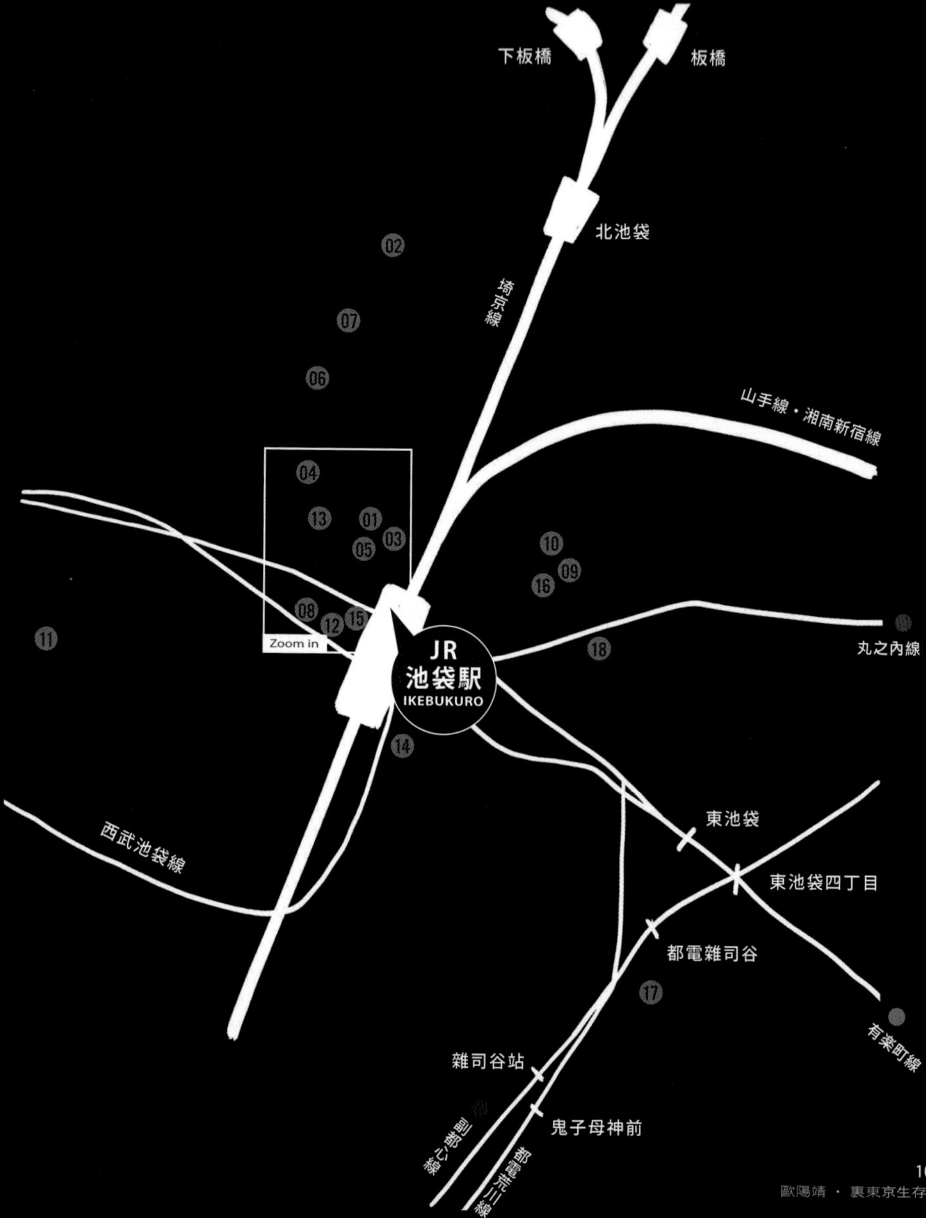
下板橋
板橋
北池袋
埼京線
02
07
06
山手線・湘南新宿線
04
13
01
03
05
10
09
16
08
12
15
Zoom in
11
18
丸之內線
JR
池袋駅
IKEBUKURO
14
西武池袋線
東池袋
東池袋四丁目
都電雜司谷
17
有楽町線
雜司谷站
鬼子母神前
副都心線
都電荒川線

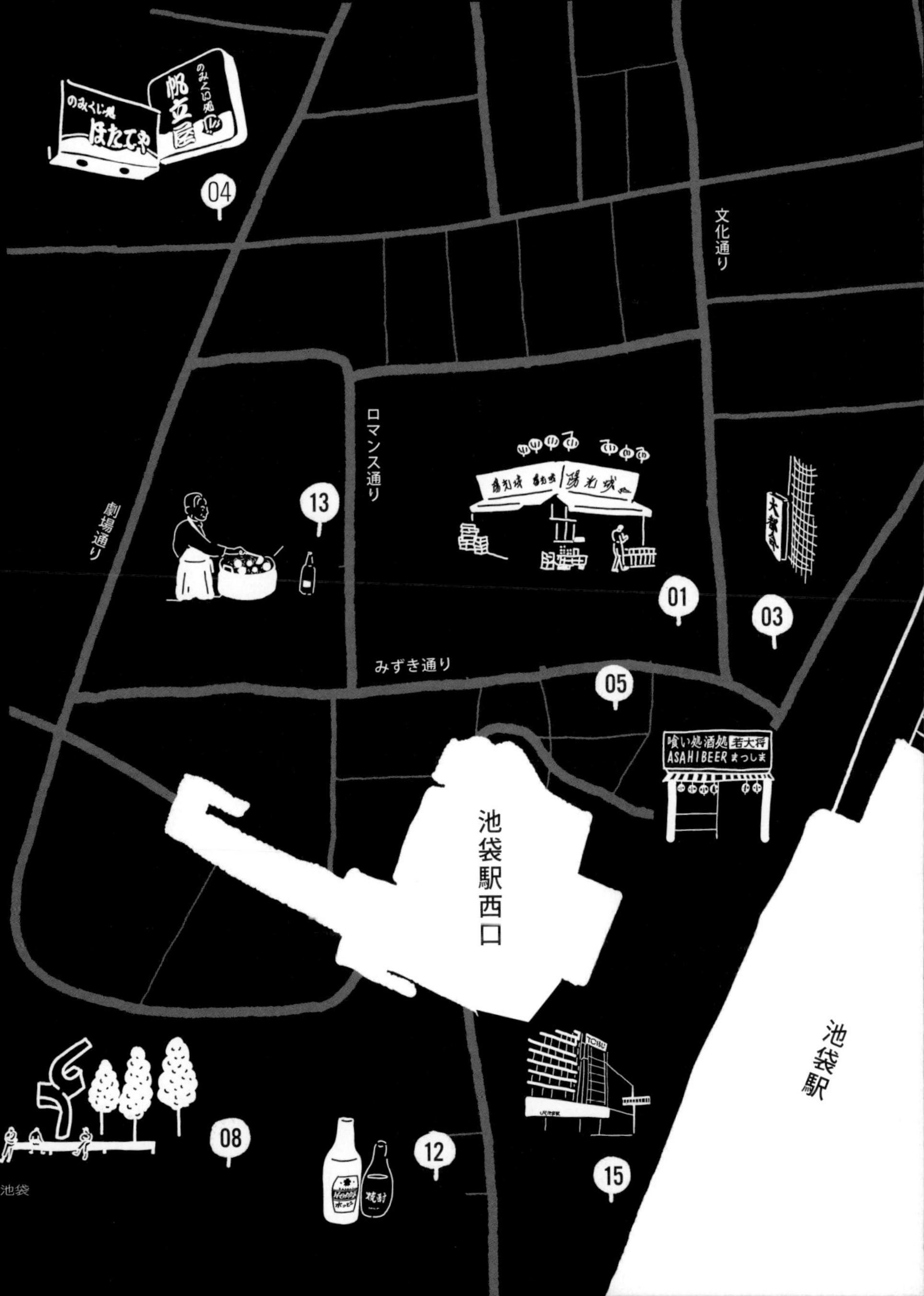
のみくじ処
ほたてや
帆立屋
04
文化通り
ロマンス通り
劇場通り
13
01
03
みずき通り
05
喰い処酒処
若大将
ASAHIBEER
まつしま
池袋駅西口
池袋駅
08
12
15
ホッピー
焼酎

新宿

SHINJUKU 03

人生的大迷宮

在新宿，你可以同時看到最豪奢的成功人士，最卑微的流浪者，穿著西裝為公司過勞的「社畜」上班族醉倒在人妖姊姊的大腿上。新宿絕對是我的一個心靈歸宿，尤其是那庸俗罪惡的歌舞伎町……

歌舞伎町一番街

我從來都沒喜歡過東京，更別說要在這裡生活；但我很相信命運的河流總能引領每個人到他的歸屬之地，即使這個地方人情冷漠、髒亂不堪。有跨國生活經驗的人很多，除了自己對那片異地的主觀認同感、追求更舒適的居住品質，也有人是如傳教士般為了傳遞自己的信仰、幫助貧弱……或是更強烈的精神動機——愛情，但這並不愜意。

這些年間我跟男友經常吵架，初始原因僅是單純的生活習慣磨合不來，但讓狀況愈發嚴重的癥結點在於我的孤獨感與他的不體貼。「跨國戀」並不如許多人想像中的浪漫……或許可能要看你是跟哪國人相戀吧？至少跟日本人相處很難浪漫得起來，日文寫做**「亭主関白」**的大男人主義根深柢固地存在於這個民族的DNA之中，若要跟日本男性交往共處就得有很大的覺悟與犧牲。

「人家都說女人是水做的，我覺得我們根本是水泥做的……」嫁給日本老公的台灣朋友如此說。即使已經結婚許多年、小孩也長大了，先生對妻子的態度依然離「體貼」兩個字的最低標準很遙遠。不愛做家務雜事、不關心家人的心理狀態、對妻子刻意嚴苛……這些都是日本男性的常態，幾乎找不到奇蹟般的例外。台灣女生當公主當慣了，而華人男性確實都把自己的最愛當女王般侍奉，尤其是在外人面前更要表現出對另一半畢恭畢敬的態度；但對日本男性來說，一旦妳成為他的「內人」，妳就是這家族的共同體，要為了世家的存亡與名譽把自己的意識縮到最小。這或多或少跟武士道傳統有些關聯？**日本家庭教育「重男輕女」，但他們之所以重男輕女是因為兒子將來要上戰場、守護家族，女兒則是嫁出去進別人家的祖墳**。傳統日本父母對兒子的培養與教育會特別重視嚴苛，女兒反而可在不優渥但輕鬆自在的環境下成長。反觀華人家庭的「重男輕女」簡直是把兒子當成「公主」來養，因此造就了很多「媽寶」、「逆子」般的男性，女生倒是堅強有擔當。華人男性太軟弱、日本男性太高傲，我相信這世界上沒有十全十美的交往對象，所以無論任何人都得學習與另一半磨合溝通，而語言與文化的隔閡則會讓這個過程顯得非常辛苦。

我討厭東京，我討厭這個城市！

我們的爭吵一開始都是些零零碎碎的小事情，例如洗衣服習慣不同（日本人不在晚上洗衣服，我晚上洗衣服就被罵了）、餐桌禮儀不同（用吸管喝飲料時不能吸到底而發出聲響）……雖都是些可以互相諒解改進的小問題，但吵到失去理智時對方便開始不留情面地口出惡言，我覺得極度委屈冤枉，試圖想解釋這些是在我過去的成長環境中並不知道的禮儀。但就在我用自學的日文盡最大力量說明後，卻只換來對方冷冷地一句：「啊？妳在說什麼？喔，妳講的日文我聽不懂……」

他脫口而出的這句話雖不帶半句髒字，卻讓我感受到極深沉的屈辱。如果你是因為我日文不好、不懂你們偉大日本的文化而對我生氣，那你當初為什麼要跟身為外國人的我交往？我離鄉背井來到這裡與你生活，為你打理一切、支持你創業的理想，換來的卻是你的刻薄與自負……

「對，我不會說日文！死日本鬼子！幹！」我中氣十足地用中文大罵，這句歇斯底里卻充滿真性情的回應代表著我已經拒絕再溝通。

我憤而轉身拿起皮包、嚎泣著衝出家門……那是一個非常寒冷的夜晚，而男友完全沒有要追上來的意思。我想立刻回到台灣，抱著媽媽大哭……但我已經買好了的回程機票日期卻還有好幾天才到；雖然有朋友家可以落腳，但我不想因這幼稚的爭吵而麻煩任何人……當下我完全不知道自己該怎麼辦，只是無意識地刷了交通卡走進JR板橋車站，搭著人擠人的埼京線電車一路來到新宿。或許是我心神不寧？也或許是哭花了眼妝而造成視線一片模糊？更可能是因為我根本不知道自己要去哪裡……我失魂落魄而莽撞地漫步在新宿車站的地下一樓大廳內，數度與來往的人群相撞，沒有任何人留意到我幾近崩潰的情緒……此時，一名趕著搭電車的上班族朝我迎面奔來，就在我意識到之際已經來不及閃躲，被他狠狠地撞倒在地！力道之大甚至讓我側身飛了出去！我趴在地上痛得哀哀叫，那個傢伙卻頭也不回地跑上月台揚長而去……大約有長達一分半鐘左右我根本無法站立，身邊熙來攘往的人群卻完全忽視我，通通從我身邊繞道而過，彷彿我是車站內的一個隱形障礙物；沒有任何一個人願意扶起我、或是問一句：「妳怎麼了？」好似這花費數秒鐘的善舉將會為自己帶來極大麻煩一般……受傷的我，就這麼被忽視了。

「我討厭東京，我討厭這個城市！」我默默唸著，擦乾淚水站起身，為這個無情的城市留下任何一滴眼淚都不值得。

當時的我腦中空白而平靜，就像是看透了一切。理智告訴我這些路人不關心我是有理由的，他們應該是因為擔憂阻礙到車站中趕路的人群，所以盡可能不停滯下來；這的確是東京人的思考邏輯，為了顧全大局、為了多數人的利益而著想，而這樣「識大體」的結果，就是使得這個城市極度冷漠，**每個人都是為了公司、社會、國家而運轉的機器，完全失去了人性。**

想透了這可悲的一點後，我精神奕奕地走出車站來到歌舞伎町……這裡是我第一次來東京時的原因，是個曾讓我震撼、甚至有些喜歡上這個城市的地方，我想在歷經了種種波折之後，以如此負面的情緒再度好好感受它帶給我的震盪。

歌舞伎町求生存的邊緣人與烏鴉們

這些年，新宿歌舞伎町慢慢改變了，多了來自世界各地的觀光客、少了許多「生人勿近」的氛圍。無料案內所、居酒屋、情色泡沫浴、牛郎店依然繁不勝數，但卻沒了在路邊強行拉客的皮條客，圍事的黑人也少了很多很多。在過去，幾乎沒人敢在歌舞伎町內拿起相機拍照，現在卻能見到歐美、台灣、中國遊客的旅行團跟著導遊穿梭在「歌舞伎町一番街」的牌坊下，而大街上響起用日文、英文、北京腔中文無限重複播放的廣播：「請不要跟著拉客的人走……」意思是要民眾小心剝皮酒店的敲詐招數。也許是為了2020年東京奧運的都市形象大改造？新宿歌舞伎町這個世界知名的紅燈區變得像是遊樂園一般老少皆宜；雖然酒店、柏青哥、愛情賓館的霓虹燈依然徹夜閃爍，但對我來說，這和諧感是一個城市多元文化的墮落。

我曾經喜歡的東京，應該是那個區域文化跟貧富差距甚大，能讓我心跳加速而有窒息感的東京；現在的東京是一個冷漠而唯利是圖、向錢看齊，追求表象和平的觀光城市。我如此想著，走進便利商店買了玻璃瓶易開罐清酒，用微波爐加熱30秒便成了我最喜歡的「熱燗（熱清酒）」，然後隨便在巷弄內找個花台坐下獨飲。或許是有我這樣行為的年輕女性在歌舞伎町非常特異，僅僅是一個人在暗巷喝酒，得到的搭訕跟關注卻比在車站內被人撞倒還多……此時我看看手機，男友果然沒有傳來任何音訊，與其坐在這邊被騷擾，我不如找個安靜的地方過夜，隔天再思考該怎麼辦。便宜的商務旅館？臨時根本訂不到房，歌舞伎町周遭的商務旅館幾乎全被台灣人跟大陸遊客訂滿了。愛情賓館？一個人去住實在很奇怪，難道要盯著床邊的情趣八爪椅跟天花板的大鏡子入睡嗎？最後，我走進一家明亮而乾淨的24小時漫畫網咖，這裡將是我今晚的棲身之所。醉醺醺的我在沙發上打著瞌睡，期間數度收到男友的來電，但**我全都拒接**，之後甚至直接關閉了手機電源。

「我居然也有為了男人如此落魄的一天啊……」我嘲笑著自己，安然睡去直到清晨才離開網咖。

「聽到烏鴉在啼叫，就代表已經天亮了，要對歌舞伎町說晚安了。」這是某部日本黑道電影內的台詞，不知道有多少經典黑社會電影都是以新宿歌舞伎町為背景舞台？而就在歌舞伎町即將短暫歇息之時，我才在漫步之中看到這個地方的靈魂所在。

日出時分的新宿歌舞伎町是什麼樣子？醉倒在便利商店前的上班族伴著自己的嘔吐物呼呼大睡、地鐵入口旁裹著厚重被褥的流浪漢渾身散發出腐敗刺鼻的尿騷味……下班後的酒店小姐跟皮條客好友在街邊嘻笑打鬧著，而人妖店的媽媽桑頂著一頭長假髮與濃妝在24小時營業的快餐店大口吸著蕎麥麵；她一手拿著筷子一手握著香菸的姿勢充滿了十足男人味……原來這些年，歌舞伎町一直都沒有改變，應該是說他們並不想要改變，但社會的洪流、國際的輿論壓力逼得這個地方不得不偽裝出開放的姿態。畢竟要辦奧運了，日本政府希望大家能看到一個健康、祥和的城市，高科技、美食、美景、傳統文化……對外宣傳刊物上一切都乾乾淨淨。**此時是早上六點半，烏鴉叼著垃圾長啼，街頭寂寥而髒亂不堪……這才是大都市真正的角落實景，也是我所認識的新宿、我所認同的東京。**

我不知道明天自己會在哪裡？與男友分手後打包行囊回台灣？低聲下氣地留在這個無情城市苟延殘喘？大和文化或許永遠不是我能認同的歸宿，但我知道若此時此刻逃避東京回到舒適圈，將來我一定會後悔。

我上了電車回到家中，男友聽到我開門的聲音後從睡夢中驚醒起身。

「妳這傢伙跑去哪裡了啊？」他雖然是罵人的語氣，卻平靜了許多，更多了點擔憂的情緒。

「我在歌舞伎町的網咖過夜了。」

「啥？妳不要這麼任性給人找麻煩好不好！」

「我去洗澡嘍。」

「隨便妳！」然後他又作勢倒頭大睡。

「妳到底是對我說了什麼？」他躺在床上問著。

「我說『幹』是台灣話的『FUCK』的意思。」日文之中髒話少得可憐，相較起來身為台灣人罵起人來實在舒爽多了。

「妳還說了其他的呢？」

「是嗎？我忘了……」

我當然不會告訴他我還罵了句「日本鬼子」；這句話沒水準、牽扯民族主義且極度失禮，我知道即使是跨國夫妻爭執也不應該涉及如此議題，但讓我對這跨國戀徹底失去浪漫幻想的癥結點還真的是國籍文化差異。

這一次的爭吵就在沒人認錯、沒人道歉的狀況下終結，之後還有無數次、甚至更為激烈許多的爭執，摔杯子、砸桌子……我們兩個之間就像是存在某種斷不掉的孽緣。而我也漸漸習慣於日本男性的高自尊、漸漸知道該怎麼跟對方相處。這個城市也一樣，封閉、高壓、冷酷，**但只要能存活下來不被社會淘汰，這個城市將鍛鍊出無比堅強的人格，就像那些在新宿歌舞伎町求生存的邊緣人與烏鴉們。**

東京最有裏文化魅力的地方

1987年，正值日本泡沫經濟的頂峰時期，那段浮華的日子造就了許多令人瞠目咋舌的豪奢事件，其中包括安田火災保險社長以相較於今日58億日圓的價格買下梵谷的《向日葵（*Sunflowers*（F457））》，此天價交易引起世界輿論震撼，普羅大眾全傻了眼，但也因此讓這幅作品全球知名。在西新宿還有則都市傳說，就是購入鉅作的後藤康男社長希望用這幅作品陪葬，而在後藤社長於2002年往生至今，《向日葵》依然靜靜陳列在東京新宿的「東鄉青兒美術館」；沒有什麼人要去看它，畢竟在教課書或咖啡店的杯墊上就看得到了不是嗎？之後更有學者組成調查隊查驗，認為這幅畫作其實很可能是贗品，但至今仍未確認證實。這整起揮霍事件堪稱是個黑色笑話，也是東京的黑歷史。類似這種令人啼笑皆非的故事，還有「歌舞伎町」的來源；其實是戰後政府希望這塊曾在「東京大空襲」中被移為平地的住宅區能開發為高級藝文區，因此以建設傳統歌舞伎座為由而命名「歌舞伎町」。之後被以經營酒館起家的台商林以文等華僑大力投資建設，逐漸地歌舞伎町便成為世界知名的紅燈區，庸俗繁華而髒亂，可不是當初政府所期望的「高級藝文場所」……卻也誤打誤撞地造就了這個東京最有裏文化魅力的地方。

以新宿來說，「尋歡」是歌舞伎町的關鍵字，而這裡也確實生活便利；有大量24小時營業的商店，還有為了符合夜生活工作者需求而在深夜營業的牙醫診所……甚至2011年東日本大震災之後，因為福島核電廠停止運轉，東京各區必須輪流限電共體時艱，但東京都政府所在地的新宿卻是「計畫停電除外區」，這也讓歌舞伎町成了真正的「不夜城」，沒有停止歇息的一刻。有趣的是，擁有巨大紅燈區的新宿在東京23區內僅是「治安最差區域」排行第二名，第一名是位在最北方的足立區，或許是由於足立區居民屬性比較複雜（窮人、外來人口），所以有許多竊盜、青少年鬥毆事件。反觀新宿區在市中心，距離政府機關近、警備森嚴，八大行業也有穩定的黑道勢力在治理，根本沒有不良少年敢在這裡鬧事。前些年雖有在歌舞伎町發生槍擊殺人的尋仇案件，但幫派恩怨無關一般老百姓或觀光客人身安全，所以即使喝多了醉倒路邊，早上醒來後錢包跟手機也通常能乖乖待在口袋中……但無論交通再方便、生活機能再便利，也沒有日本人要住在歌舞伎町，幾乎沒有東京不動產業者想接下銷售此區住宅的案件，因為根本賣不出去，誰想與吵鬧的外國觀光客或肥滋滋的巨大老鼠為鄰呢？

戶籍登錄在新宿區的住民人口並不算多，總共約34萬人，其中包含了4萬外國人（大部分來自中國、韓國），而住宅區大都集中在大久保二丁目一帶，也就是俗稱「韓國城」的地方。要說這裡是個比歌舞伎町更適合居住的地方也不盡然；2018年有名老人家莫名其妙在這被子彈射傷，結果是附近黑道分子的槍枝走火造成，過去幾年也有數起民眾聽到疑似槍聲而報案的紀錄。但其實真正造成新宿居民反感困擾的，絕對是大量的、有增無減的、不守規矩的觀光客……人潮跟錢潮就像兩面刃，促進地方繁榮也帶來種種不便，但比起東京其他老城區，新宿居民確實對外來文化更有包容力。

據2016年的調查數字，光是歌舞伎町內登記有案的「餐飲業」就高達1,147間，這其中包括餐廳、咖啡店、居酒屋，以及卡拉OK與八大行業。在東新宿這一帶覓食絕對不用擔心找不到東西吃，只怕選擇困難導致哪也去不了，最後隨便選了一間還踩到地雷（個人認為因為這兒算觀光區，踩到地雷的機率非常高）。在這裡餐廳分成兩種類別：「很瞎但能炒熱氣氛的觀光餐廳」以及「不瞎的觀光餐廳」，與東京其他區域不同，現在歌舞伎町內很少排外、不歡迎外國客人的餐飲店家，機器人餐廳、監獄餐廳、花魁餐廳、忍者餐廳、童話繪本餐廳……人氣店全是以外國觀光客為主要對象的中大型居酒屋。

「黃金街（新宿ゴールデン街）在我小時候是個很可怕的地方呢！打死我也不敢進去！」出生在新宿區的台日混血兒朋友如是說。

太平洋戰爭結束，戰敗的日本處於混亂時期，而新宿花園神社周遭自然形成了民眾進行檯面下交易的「闇市」，之後才演變成滿是小酒吧的「黃金街」。在朋友的兒時印象之中，黃金街這個區塊屬於歌舞伎町的深處，充滿了危險分子，也是爸爸媽媽交代絕對不可以踏進的地方。但現在大家居然能在這兒看到大量歐美觀光團來參訪，日籍導遊拿著旗子，用大聲公廣播器介紹講解黃金街的歷史，而老外們就拿起手機、相機到處拍來拍去……部分店家甚至在門口貼上了英文菜單。對於老新宿人來說，這個轉變是很不可思議的現象。

閩南語有句俗諺**「有禮無體」**，常被台灣長輩拿來形容注重禮節但私下性好漁色、夜生活玩得比誰都開的日本人。儘管衛道人士不願提起，但現今台灣觀光客最愛造訪的東新宿的發展，可說一大部分是被「性產業」滋養茁壯的。

歡迎Gay臨 新宿二丁目

除了歌舞伎町，新宿還有個令人玩味的歡樂街「新宿二丁目」。這個地方從數百年前的江戶時代就開始經營妓院，情色場所在這的歷史可比歌舞伎町悠久得多；但重要地位始終不及當時最出名，現今位於淺草一帶的買春街「吉原」。直到1923年代發生關東大地震，吉原等地區幾乎全被火舌吞噬，些許買春客便轉而跑來新宿二丁目尋歡，也使得這一區開始有些經濟流通。第二次世界大戰終戰之後，聯合國最高司令部頒布《公娼廢止令》，日本的公娼轉為私娼地下化，新宿近郊的色情行業便開始以「特殊咖啡店」等名義經營，規避法律躲入灰色地帶，其中包括了同志酒吧、變裝酒吧也轉而從戰前興盛的上野一帶移至新宿二丁目。

若要說起此區LGBT文化的高度繁盛期，應該是在日本經濟狂飆發展的60年代，此時新宿的開發層次早已超越性產業，成為全日本數一數二熱鬧的複合式大型商業區；而LGBT同志文化也在二丁目發展成「同志城」般的另類文化主流。關於新宿二丁目的LGBT歷史，許多重要資訊是被國寶級表演者、已高齡八十幾歲的香頌歌手美輪明宏所記憶了下來，包括新宿50年代初期同志文化發展的珍貴史料。順帶一提，美輪明宏被喻為**「三島由紀夫的情人」**，而影響日本近代文壇與政治圈甚鉅的大作家三島由紀夫出生於新宿，切腹自殺時也死在新宿（陸上自衛隊市ヶ谷駐屯地）；但新宿區卻沒有任何一個關於三島由紀夫的紀念館。

現今的新宿二丁目周遭依然是個有名的同志城，主要是「仲通り」上曾有高達四百多家同志酒吧，但隨著2008年地鐵副都心線「新宿三丁目站」開通，這區也建起了許多一般企業的商辦大樓，普羅大眾來來去去，影響到地下裏文化發展的隱密度。但今日除了同志族群之外，以觀光為目的造訪的異性戀女性客層也增加許多，使得這裡逐漸轉變為一個沒那麼排外的旅遊景點，就像美國舊金山的卡斯楚區。

如果女孩兒們初來乍到想在二丁目玩，「GOLD FINGER」是個不錯的選擇。「GOLD FINGER」於1991年開幕、是全日本第一間「女性限定」的派對俱樂部，當然所謂的「女性限定」是指「心理女性」，包括異女、拉子與男同志。

店家會定期舉辦不同的主題派對，即使是不懂日文的外國人也能玩得盡興。另外，這邊也有許多Gay Bar強調自己是「觀光Bar」，也就是非同志的一般女性或第一次到訪的觀光客也能直接進去，不需要經過熟客介紹（日本傳統小酒吧是不接生客的）。新宿二丁目真的很好玩，光是夜晚走在路上都能令人感受到高昂的愉悅氣氛，站在店家外宣傳的「小姐」們其實全是穿著女裝的同性戀大叔；「她」們總扯著破鑼嗓大喊「歡迎Gay臨」、「這裡有很多雞雞喔」這些略帶腥羶色的攬客笑話。當然二丁目也還是有些不接受外國客、或是真的是在做同志色情服務的店家，但大體是和平而有趣的——提醒一下，二丁目不適合異性戀男性來訪，**如果是「天菜」等級的異男來玩應該會受到瘋狂性騷擾。**男生也要懂得好好保護自己。

新宿＝東京＝日本

全東京，應該說全日本、全世界大眾運輸最便利的地方就在新宿，金氏世界紀錄中乘客出入量最高的車站是新宿車站，一天有364萬人次進出。或許日本的一億兩千萬總人口數遠不及中、印、美等大國，但日本人對電車這種交通工具的依存度絕對是世界第一，所以成就了如此驚人的數字；對東京人來說，通勤用的交通工具不是電車就是腳踏車，絕對不可能是慢吞吞的巴士、高價的計程車，在東京也沒太多人有能力負擔買車跟停車位的費用，而養一台機車也沒比養車便宜多少。不只人多，新宿車站更是世界有名的大迷宮，除了JR站、東京地下鐵站等建物本身外還到處連通，目前總計有51個月台、兩百多個出口，連結大江戶線的月台甚至被建到地下第七層……這種複雜度即使是天天進出的上班族或新宿區居民也無法搞懂。千萬不要在新宿車站內問路，因為沒有人會知道答案，也沒有人會浪費時間停下腳步幫助你，所以請自己依照牆上、看板上的指示慢慢尋找；另外，也不要跟人約在新宿車站會合，除非那是一個雙方都理解且明顯易懂的集合點，不然光是「新宿西口」就包含了地面、地下共幾十個出口，如果不仔細確認溝通，要在站內成功會合只能靠上天賜與的緣分。

新宿西口的特色飲食區是「新宿西口商店街（思い出横丁）」，這裡跟歌舞伎町的黃金街一樣都曾是戰爭時期的闇市，卻幸運躲過東京大空襲而持續發展下來。橫丁中總共有近百家小型飲食店，極狹窄的巷弄內大都是串燒店，以至於只要走進橫丁衣服總會沾上濃厚的燒烤氣味。現在思い出横丁中能看到很多外國客人

陽靖
裏東京生存記
酒処
OPEN
スナック アイリII
DAM
時間セット料金
SURVIVOR FROM TOKYO
GinOy

進出；尤其是歐美、東南亞的觀光客特別多，但一般店家的消費顧客還是以新宿的日本上班族為主。當然，這裡沒有什麼不歡迎外國人的店家，但要遵守禮貌，別只點一杯啤酒坐兩個小時猛拍照。曾有從台灣來玩的朋友跟我說過，他感覺在新宿某間知名24小時海鮮燒烤店消費時，店家刻意安排他們去坐不是很舒服的座位；例如靠店門口走道或是特別狹窄的位置，卻將同樣沒訂位的日本客人帶到較舒服的大位。乍聽之下「歧視外國客」的店家行為不應該會發生在新宿區，但其實這跟台、港客人的消費習慣也有關係，居酒屋餐廳能賺最大利潤的是酒水，但台、港客人習慣到居酒屋「吃東西」而不是喝酒，新宿這些生意很好、專做過路客的連鎖店家只好想辦法讓你快快買單走人拚翻桌率，所以他們員工在尖峰時期確實會有這樣的SOP。

新宿發展地很快；幾乎可說是從戰後突然之間竄起的區域，而極快速發展與變遷的壓力也造成人民內心巨大震盪；**在這裡你可以同時看到最豪奢的成功人士，最卑微的流浪者，穿著西裝為公司過勞工作的「社畜」上班族醉倒在人妖姊姊的大腿上。**這高壓社會造就的景象也等同於東京的縮影、戰後大日本興衰的表徵。

複雜情愫的歸宿

2013年2月24日的早上9點，我與數萬名來自世界各地的跑者在新宿都廳前整裝待發，這天是一年一度的東京馬拉松日，也或許是整個新宿都廳區域最熱鬧、最有朝氣的日子，當天氣溫接近零度，珍貴的冬日陽光又被周遭的高樓大廈完全遮蔽，每個跑者只能待在原地不停跳躍著溫暖身子，希望趕緊起跑逃離這水泥叢林的包圍。在那次跑東京馬拉松之前，我還有來過一次東京都廳，目的是到免費的展望台看夜景，還順便去吃東京都廳議事堂員工餐廳，完全是小資族觀光客的標準套裝行程；而這套行程非常受自助旅行的歐美遊客歡迎，現在東京都廳展望室內聽到歐洲各國語言的機率似乎比日文還多。除了跑東京馬拉松跟看免費夜景，東京人平常不太會跑到都廳這塊政府機關區域，這裡道路複雜、標示不清，還充滿嚴肅的氛圍；進進出出的公務員全都西裝筆挺、不苟言笑地快步走在大建築家丹下健三設計的宏偉建物下……但想見他們下班後在歌舞伎町時應該又是另一種樣貌了？

除了都廳，新宿還有另一個我覺得很無聊的知名景點「新宿御苑」，這裡以四季美景而聞名，春天可以賞櫻、秋天可以賞楓，但我覺得無趣的點在於御苑內禁止飲用任何酒精類飲品，**不能喝酒不就失去賞花的本意了嗎？**這裡在櫻花盛開時有個特殊景象，一般日子御苑內幾乎很少日本人，只有滿滿世界各地來賞櫻的外國遊客，因為比起嗜酒的日本人，外國觀光客倒是對單純地和櫻花合照情有獨鍾。如果真要來新宿御苑，可以試試看在五、六月份來，這時候你將會聞到整個公園散發出一股類似漂白水的青臭味……或著說得更露骨一點，就是「精液」的味道，而這個異味來自美麗的栗子花。相較起來看無趣的櫻花或楓紅又不能喝酒，我倒認為親身來感受這座散發精液臭味的美麗庭園才是特別體驗。

男友的工作是職業攝影師，常常會有國內外客戶要求他拍一些「很有日本味」的街景，尤其時裝品牌更是對東京那種充滿居酒屋紅燈籠的狹隘巷弄情有獨鍾。要找到符合「日本文化」、「懷舊」、「庶民感」所有元素的場景並不難，但若要一次能拍到最多不同構圖，節省通車移動時間的地點絕對是新宿區，在這裡有極具特色的「思い出横丁」、歌舞伎町的霓虹燈招牌，如果要拍些具都會感的高樓建築也很多、最近在時尚圈大受歡迎的科幻龐克（Cyber-Punk）風格也能簡單營造出來。在新宿拍攝不但輕鬆，而且拍出的作品包準讓客戶滿意，也因此我們幾乎天天來新宿報到，擔任攝影助理的我久而久之也看膩了這個地方——直到那天大吵一架，我翹家來到歌舞伎町獨自過夜，才又重新找回當初對這個地方的情愫。

新宿是個讓我有複雜感受的地方，我甚至說不出來自己到底是喜歡它還是討厭它？但我能確定一點，就是無論未來的人生中發生什麼事、無論我是否還能繼續在東京生存，新宿絕對是我心靈的一個歸宿，尤其是歌舞伎町。我的母親是一位知名演員、家喻戶曉且形象良好的公眾人物，但一般人對於我父親的身分比較不了解；他是台灣黑道幫派的高級幹部，坐過牢也幹過許多不被法律允許的事，經營過八大行業與酒店，更是「一清專案」流氓肅清的提報對象……而我就是在這樣的環境下成長的。記得小時候坐著爸爸的凱迪拉克轎車去逛夜市，他身邊往往圍滿衣裝筆挺的後輩小弟，小弟們也把我保護得無微不至：

「歐陽小姐要喝飲料嗎？」

「歐陽小姐要玩打彈珠嗎？」

每當我跟爸爸走在夜市，總覺得自己像什麼皇親國戚或大明星出巡，放眼望去自己前後全是黑衣保鑣。黑道的規矩、處事邏輯我都能理解，畢竟成人的裏世界就是孕育我成長的地方，直到11歲爸爸因病往生。歌舞伎町散發著一股特殊的氣味，這個氣味我很熟悉，甚至讓我感到異常安心；即便眼前的景象殘破而罪惡，這依然是令我無所畏懼的裏世界。我不知道是不是因為這個原因才愛上歌舞伎町？也或許只是因為我喜歡日本幫派電影跟《人中之龍》電玩遊戲？

已歸化日本籍的大陸作家、也參選過新宿區議員的李小牧，因《歌舞伎町案內人》系列書籍而成名，他身為中國移民卻在歌舞伎町黑白兩道通吃的身分頗受爭議，有人覺得他很會做秀，大多人認為他很會生存，甚至有人懷疑他是中日兩方的間諜人士。這個出生在湖南長沙的芭蕾舞者，文革反叛分子的後代，曾提起自己死後要將一根骨頭深埋在歌舞伎町的遺願。在他的著作中，對於日本人的文化與民族性幾乎沒什麼正面觀感，但新宿卻成為他所寄望的葬身之地。

「我已經在這個城市中生活了十幾年，而且還將繼續在這裡生活下去。我太喜歡新宿了，我熟悉她的每一條街道，每一座高樓，我在歌舞伎町當中，就像魚兒入水一般。」李小牧在《歌舞伎町案內人》中如此寫道。

歌舞伎町之所以形成跟華僑的資助有很大關係，而至今華人黑幫在此依然富有極大影響力；也因此如李小牧一般的特異人物才會破格崛起。他說自己是個「案內人」，當然「案內人」一詞在日文中除了「皮條客」也有「帶路人」的意思，一語雙關。**新宿無論在形而上形而下都是個大迷宮；有很多人依然在孜孜探索著，有更多人已經迷失了**。對於我來說，這或許是一個歸屬，即使人情冷漠、髒亂不堪。

新宿車站地下一樓

跟男友大吵一架的我，失魂落魄地漫步在新宿車站內……此時，一名趕著搭電車的上班族迎面奔來，將我狠狠地撞倒在地！身邊熙來攘往的人群卻完全忽視我……

新宿車站

金氏世界紀錄中乘客出入量最高的車站就是新宿車站，每天有 364 萬人次進出。新宿車站更是有名的大迷宮，目前總計有 51 個月台、200 多個出口，即使是東京人也搞不懂。

LUMINE 2
JR 新宿駅
LUMINE 2
information
meshi mase

やき
モッ

↑歌舞伎町網咖

歌舞伎町的住宿選擇除了飯店、愛情賓館、膠囊旅館，還有不少這種明亮的漫畫網咖，價格便宜又安全；而這個設施就成為我當時跟男友吵架蹺家後的暫時棲身之地。

↗歌舞伎町一隅

歌舞伎町是真正的「不夜城」，沒有停止歇息的一刻，居酒屋、霓虹燈、吵吵鬧鬧的觀光客……但你依然能在巷弄深處的一隅發現令人驚豔的靜謐角落。

→損保日本興亞大樓、
東鄉青兒美術館

日本泡沫經濟的頂峰時期，安田火災保險社長以58億日圓買下梵谷的《向日葵（*Sunflowers* (F457)）》。至今《向日葵》依然陳列在東京新宿「損保日本興亞大樓」內的「東鄉青兒美術館」。

↖新宿黃金街

太平洋戰爭結束，日本處於混亂時期，而新宿花園神社周遭自然形成了民眾進行檯面下交易的「闇市」，之後才演變成滿是小酒吧的「黃金街（新宿ゴールデン街）」。

街
花園一番街
酒
サーヤ
サッポロビール
ガルシア
深夜
うるわし
Asahi
澤
DESERT INN
しの
SUNTORY
Blue Rose
純

管理事務所
マロン
VANPS
ZULU
North
Donfin
NIX
HANGOVER
麗
Mizuki Group
やるきげんきたいき
1st

歌舞伎町牛郎店

東新宿的發展一大部分是被八大行業滋養茁壯的，「牛郎店」更是歌舞伎町的主流勢力。這片滿是男公關美照的廣告牆每兩週就會全部換檔，店家營收之高可想而知。

大久保二丁目住宅區

新宿區的住宅大都集中在大久保二丁目一帶，要說這裡是個適合居住的地方也不盡然；2018 年有名老人家在這間 7-ELEVEn 前被子彈射傷，結果是附近黑道分子的槍枝走火造成。

新大久保韓流

大久保從 1950 年代的韓戰後就成為韓國移民據點發展至今，近幾年因為 K-POP、韓國流行文化影響，這裡總是聚集了滿滿十幾、二十歲的日本年輕族群來採購偶像商品。

機器人餐廳觀光客

現今的歌舞伎町內很少不歡迎外國客人的餐飲店家，「機器人餐廳」混亂、庸俗的科幻龐克（Cyber-Punk）風格是歐美遊客對此處的最大印象，而這裡反而少有日本籍客人來訪。

BBLY BUBBLES
祭
祭
祭
UBBLY BUBBLES

二丁目同志酒吧

新宿二丁目是個有名的同志城，現在除了同志族群之外，以觀光為目的造訪的客層也增加許多，使得這裡逐漸轉變為一個旅遊景點，就像美國舊金山的卡斯楚區。

二丁目觀光 Bar

最近新宿二丁目多了許多 Gay Bar 強調自己是「觀光 Bar」，也就是非同志的一般女性、第一次到訪的觀光客也能直接進去，不需要經過熟客介紹。

GOLD FINGER

「GOLD FINGER」於 1991 年開幕，是全日本第一間「女性限定」的派對俱樂部，當然所謂的「女性限定」是指「心理女性」，包括異女、拉子與男同志。

DANCE with US!
NO CHARGE
FREE
KARAOKE
GOLD
FINGER
WOMEN ONLY since 1991
Come on
GIRLZZZ!
EVERYTHING
SHE
TOUCHES
TURNS TO
EXCITEMENT!
DISCOUNT!!
5.18
OPEN 21:00~
every 3rd SAT.
Shinjuku 2chome
@AiSO
AISOTOPE LOUNGE
WOMEN ONLY PARTY since 1991.

↑新宿都廳員工餐廳

東京都議事堂內的餐廳開放給所有一般民眾，價格非常便宜，在夜晚甚至有啤酒喝到飽的選項。招牌食材是東京產的「明日葉」天婦羅，下午時段則是免費咖啡暢飲。

↑新宿都廳

東京都廳進進出出的公務員全都西裝筆挺、不苟言笑地快步走在大建築家丹下健三設計的巨大建物下。對於喜愛建築設計的人來說，這絕對是必須參訪的宏偉鉅作。

思い出横丁歐美客人

現在思い出横丁中能看到很多外國客人進出，當然，這裡沒有什麼不歡迎外國人的店家，但要遵守禮貌別只點一杯啤酒坐兩個小時猛拍照。

↖新宿御苑

可以試試看在五、六月份來新宿御苑散步，這時候整個公園會散發出一股青臭味……或著說得更露骨一點，就是「精液」的味道，而這個異味來自美麗的栗子花。

↑思い出横丁串燒店

「新宿西口商店街」曾幸運躲過東京大空襲而持續發展下來，思い出横丁極狹窄的巷弄內大都是串燒店，以至於只要走進這裡衣服總會沾上濃厚的燒烤氣味。

李小牧競選海報

歸化日本籍的大陸作家李小牧因《歌舞伎町案內人》而成名，他曾提起自己死後要將骨頭深埋在歌舞伎町的遺願，至今在新宿街頭依然能看到他當初參選議員的海報。

新宿流浪漢

新宿極快速發展的壓力造成人民內心巨大震盪；在這裡你可以看到最豪奢的成功人士、最卑微的流浪者。新宿無論在形而上形而下都是個大迷宮，有很多人已經迷失了。

新宿都廳展望台夜景

東京都廳的 45 樓展望台完全免費，天氣好時還能輕易看到富士山。雖然要多花點時間排隊但絕對超值，這行程非常受自助旅行的歐美遊客歡迎。

新宿
SHINJUKU

景點
01 新宿黃金街（歌舞伎町區域內）
東京都新宿区歌舞伎町１丁目１－６

景點
02 思い出横丁
東京都新宿区西新宿１丁目２

景點
03 歌舞伎町

景點
04 新大久保車站周邊韓國城

美術館
05 東鄉青兒美術館
東京都新宿区西新宿１丁目２６－１
損保ジャパン日本興亜本社ビル 42 階
10:00~18:00（週一公休）

事件地點
06 大久保二丁目槍枝走火事件

餐廳
07 歌舞伎町機器人餐廳
東京都新宿区歌舞伎町１丁目７－７
新宿ロボットビル B2F
開演入場時間每月更換，請參閱官網

景點
08 新宿二丁目同志城

夜店
09 GOLD FINGER
東京都新宿区新宿２丁目１２－１１
週一～週四、週日 18:00~26:00
週五、週六 18:00~28:00

事件地點
10 陸上自衛隊市ヶ谷駐屯地（三島由紀夫切腹自殺地點）
東京都新宿区市谷本村町５－１

景點
11 東京都廳（東京市政府）
東京都新宿区西新宿２丁目８－１
展望台 09:30~22:30
都廳議事堂餐廳 10:00~22:00
週六、週日、國定假日公休

景點
12 新宿御苑
東京都新宿区内藤町１１

新宿 SHINJUKU

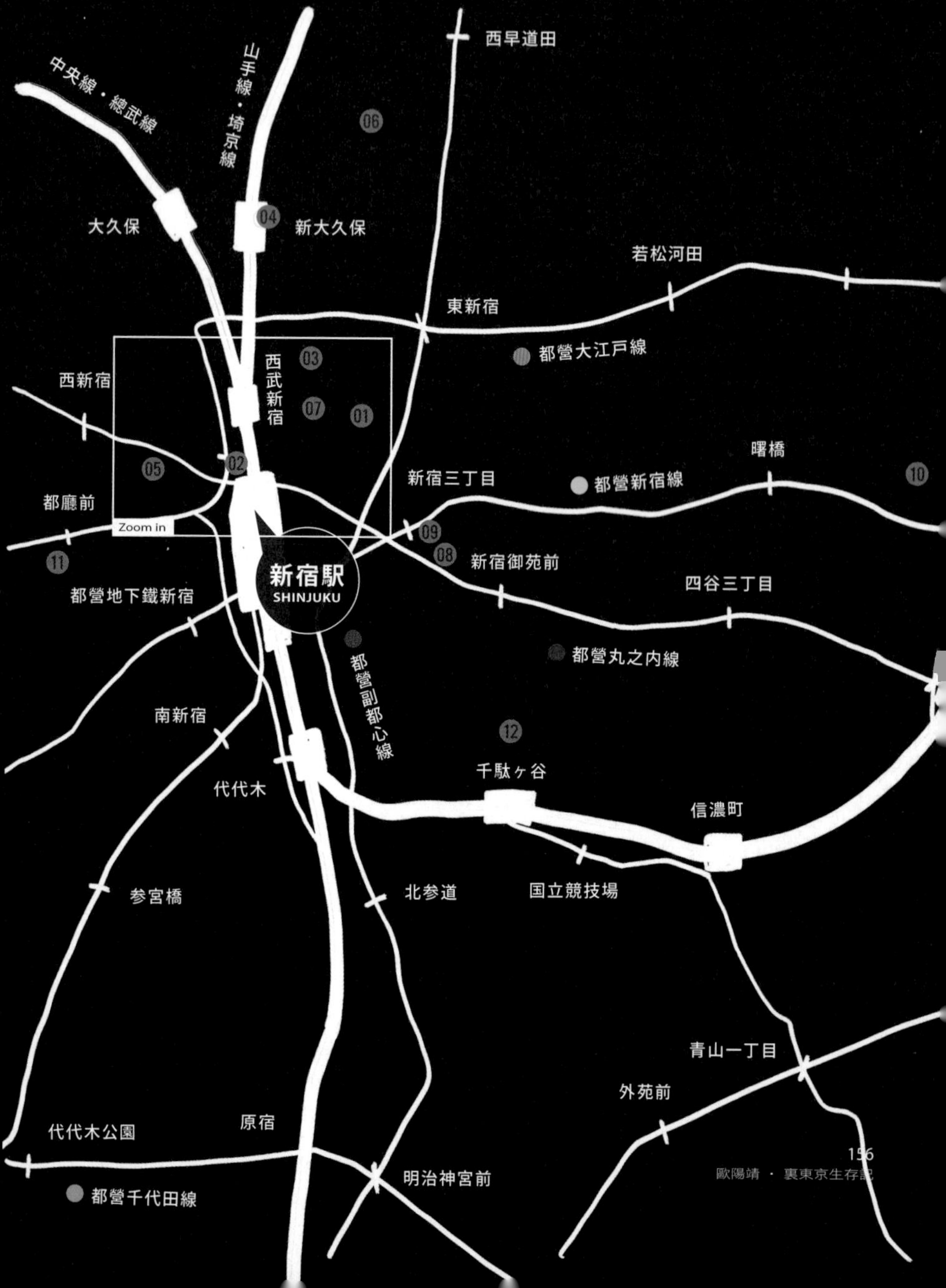
中央線・總武線
山手線・埼京線
西早道田
06
大久保
04
新大久保
若松河田
東新宿
都營大江戸線
西新宿
03
西武新宿
07
01
05
02
都廳前
Zoom in
新宿三丁目
都營新宿線
曙橋
10
09
08
11
新宿駅
SHINJUKU
新宿御苑前
都營地下鐵新宿
四谷三丁目
都營丸之内線
都營副都心線
南新宿
12
千駄ヶ谷
代代木
信濃町
参宮橋
北参道
国立競技場
青山一丁目
外苑前
代代木公園
原宿
明治神宮前
都營千代田線

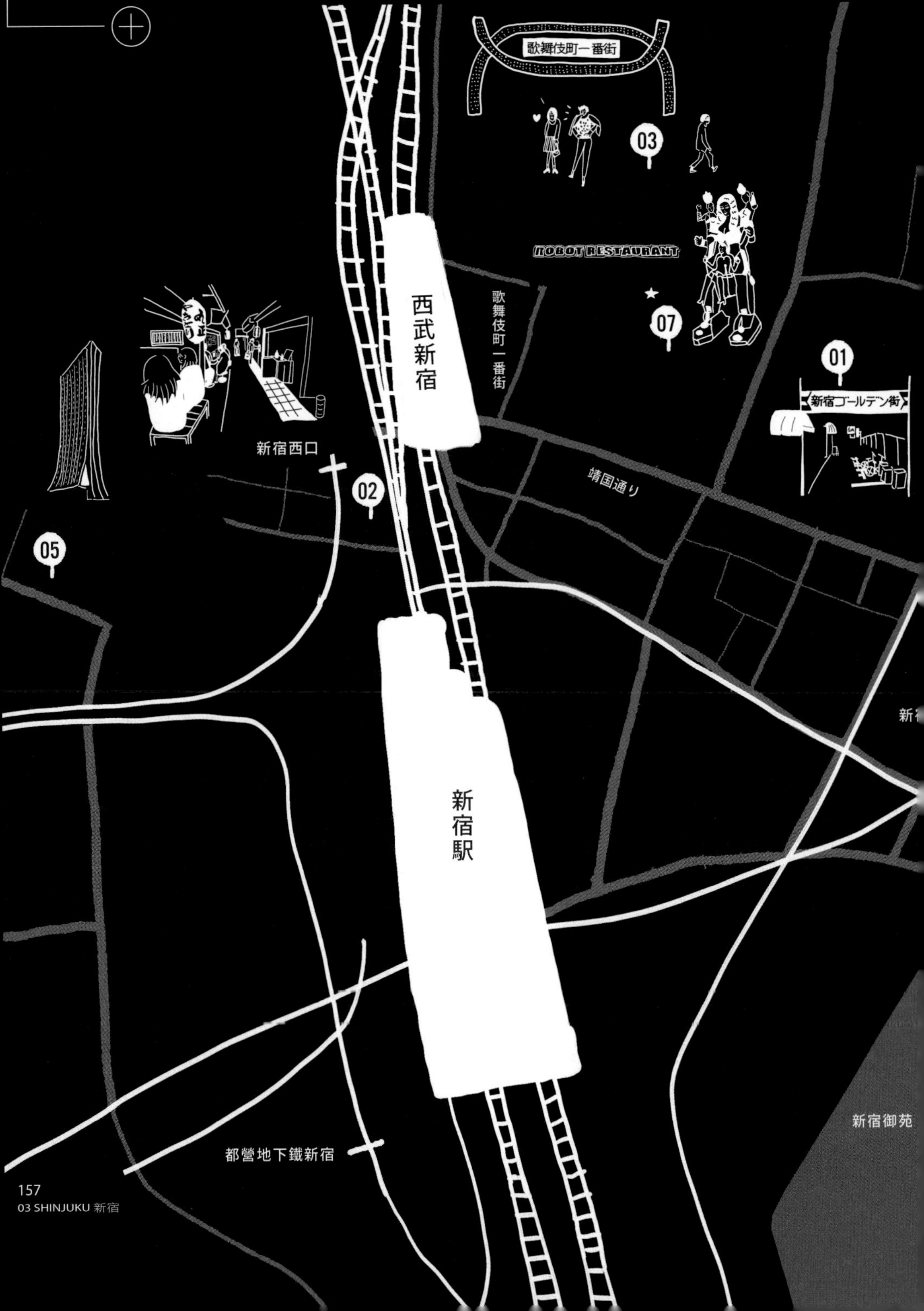
歌舞伎町一番街
03
ROBOT RESTAURANT
07
01
新宿ゴールデン街
西武新宿
歌舞伎町一番街
新宿西口
02
靖国通り
05
新宿駅
都營地下鐵新宿
新宿御苑

目黑

MEGURO 04

表象的無限美好

大明星、設計師……潮流人士群聚的目黑區是個充滿「人生勝利組」的地方，也是我跟朋友最熟悉的生活圈。但懷抱著夢想來此的年輕人們，卻也可能默默地終結在這個東京「孤獨死」比例極高的區域……

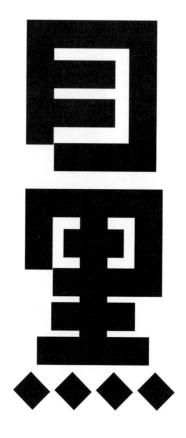

「木村拓哉一家住在中目黑三丁目，這附近居民常有機會看到工藤靜香與名模小女兒在遛狗散步。」這是一件全東京人都知道的事情；而小栗旬、名主持人塔摩利（タモリ）、歌舞伎演員市川海老蔵的豪宅也都座落在目黑區。

只有人生勝利組的目黑區？

東京都每個行政區域都有屬於自己的特色、自己獨樹一格的住民文化，當然也有地位高低之差；富民區、貧民區。如果拿我所居住的板橋區跟目黑區比較，就像是拿「**鄉下工廠的外籍勞工**」跟「**開古董跑車的時裝設計師**」比較，而這僅只是距離12公里的地理差距。如果想住在個能讓其他東京人好生羨慕的地方，就一定要選擇目黑區，雖然日本人最希望移居的區域排名第一仍長年是世田谷區，但目黑區卻更多了種「人生勝利組」的氛圍。

中目黑車站周邊沒有麥當勞，只有富設計感的書店跟文青咖啡店；這裡的居民穿著入時簡樸，說起話來也輕聲細語，感覺每個人都像是不食人間煙火、不需為五斗米折腰的高品味人士。除了能看到木村拓哉，目黑區還有好幾間大型演藝經紀公司，包括旗下有許多知名搞笑藝人的「ホリプロ」、堺雅人跟永作博美所屬的「田辺エージェンシー」，以及與廣末涼子合作的「藝映」……連日本皇后雅子的娘家都在目黑區。就因為演藝人員、名人多，隨之在此守株待兔的狗仔記者也多，為了保護這群「貴客」的隱私，這一帶開設了許多沒招牌也找不到入口的小餐廳，卻又跟銀座那兒極昂貴的隱密料亭不同，目黑區的店家低調但並不高價，畢竟這裡的消費客層大都是年輕族群，而不是中央區那種政商名流或世家。

總而言之，在這裡能吃到東京最棒的新餐廳、治安良好、生活機能便利，只要騎個腳踏車就能到鄰近的渋谷、惠比壽、自由之丘，春天還能走出家門就看到盛開的目黑川櫻花（雖然也會被觀光客擠到水洩不通），完全跟名人們生活在同樣的水平線……更何況這裡的房價以東京來說並沒有想像中昂貴，現在依然能找到塊空地自己蓋棟透天厝。目黑區房價合理的原因據說跟目黑川有關，老一輩日本人認為住在靠近河流的地方會把錢財帶走，所以目黑的地價相較於東京其他早開發的區域便宜得多，更何況年輕人才不在意這種沒根據的風水迷信呢！

在種種看來完美到不行的因素之下，誰不想搬來目黑區？的確，東京有很多崇尚此道的年輕人都來到這兒成為「新目黑人」，**好似只要對他人說一句：「我住在目黑區」就能達到精神勝利**。但這些看來風雅的新住民們，真的「過得起」目黑區令人稱羨的生活嗎？

孤獨死與待機兒童

講起不為人知的一面：目黑區其實是東京都內「孤獨死」比例很高的區域，所謂的「孤獨死」指的是是獨居人口在家中的意外猝死，無論是疾病或突發狀況當下都沒有人營救與陪伴，屍體甚至要等待多日後才會被發現，被日本媒體視為現今冷漠社會下最悲哀的死法。比起東京其他區域，目黑區內小單位的獨居公寓的確特別多，**人們懷抱著夢想搬來目黑，而人生也默默終結在此**。

即使是跟家庭成員一起生活，目黑區也是「待機兒童」問題非常嚴重的區域。比起台灣跟華人社會，女人要在日本當個媽媽實在很辛苦；生產時沒有無痛分娩（日本醫院不為產婦打無痛分娩針）、沒有「坐月子」這件事，日本更沒有把小孩托給保母帶、或是娘家帶的文化，如果想這樣做，妳就會被社會輿論批評為是個「不稱職的失格母親」，所以日本女性在懷孕之後通常得放棄自己的人生規劃、放棄自己的工作，在家當個低聲下氣靠丈夫養的全職主婦。跟其他住宅區不同，目黑區的雙薪家庭特別多，一來是如果夫妻不同時工作將難以負擔高額生活費，年輕夫妻也不願受傳統觀念束縛，雙方都希望能維持個人事業，所以唯一的方法就是把小孩送到幼兒園照顧。在日本，想將小孩送進托兒所可不是報名交錢就能了事，父母還得經過重重面試，難度很高，而公立幼兒園的數量又嚴重不足，最後無法被甄選上的小孩只能在家成為「待機兒童」，逼迫得父母其中一方不得不脫離國家社會勞動力的一分子。根據2017年的調查報告顯示，光是目黑區的待機兒童就高達617人，是東京政府必須強烈重視的社會問題。

如果你跟大明星一樣經濟優渥，這個時尚的「目黑人」身分的確很吸引人；但若只是打腫臉充胖子，就必須拿孤獨人生作為交換。當然，我跟男友也和所有東京年輕人一樣都想搬到目黑區生活，更何況我們大部分朋友都住在目黑區附近，但現今與其去承受這負擔，我寧願選擇放下自尊，住在12公里遠之外，房租只要一半的邊郊；穿著UNIQLO睡衣、夾腳拖，跟外籍勞工一塊兒在板橋車站前大嗑麥當勞漢堡，畢竟論支出這檔子事絕對是「由奢入儉難」。

除了新目黑人，目黑區其實還是有不少老居民的；目黑區以前並不是個熱門的高級地段，所以這些老目黑人大多是好幾代前從日本關西地區、東北地區搬來東京工作與居住。他們對於現在集中在中目黑周遭的小清新咖啡店完全沒興趣，也不知道什麼好吃的神祕餐廳或是時尚藝人常去的場所，跟他們聊天後會發現他們只是詫異於：「怎麼最近這邊的年輕人都是些帥哥美女啊？」

文青咖啡、書店之外，目黑區也是有完全不時尚的B級景點的。在下目黑有個從1953年就開業至今的「目黑寄生蟲館」，館內收集了來自全世界生物的寄生蟲標本，和動物屍體一起泡在福馬林之內一罐罐陳列展示著。雖然是個兼具寓教於樂而富有知識性的主題科學展館，而且入場完全免費，但畢竟是「寄生蟲」，看到這麼豐富的館藏量實在是不怎麼舒服。這裡有許多抱著獵奇心態的外地遊客特地來訪，主要行程就是看完蛔蟲、蟯蟲之後再挑戰去中目黑吃高級手工義大利麵——吃得下去嗎？

關於成為一個「目黑人」

我對中目黑、惠比壽一帶很熟，以前來到東京時，就經常跟玩滑板的朋友一起到中目黑吃吃喝喝。我們最後一攤永遠是去間叫做「Baja」的小酒吧，點幾杯酒精濃度頗高的「Baja Man」調酒、吃幾個香辣TACO餅，然後愉快地失去記憶。Baja（發音「巴哈」）是一間很小很小的店，店內充滿舊美國風情的街頭品牌裝飾，幾乎沒什麼座位，只要進去10個人就差不多塞得滿滿的了，也因為又小又擠，在那兒總是能認識相同生活圈的新朋友；通常也都是朋友的朋友。我認為每個人都應該要熟識間能讓自己感覺像回家的酒吧，不用特地約束訂位，只要走進來自然能跟人聊開，重點是喝到不醉不歸。對我來說，已經超過15年歷史的Baja就是這樣一個地方。

我對東京的認識很大一部分是來自滑板人朋友帶路，無論台灣滑板人或日本滑板人，他們之間也都因生活調性相仿而相互熟識。目黑區確實有一種接近美國西岸的悠閒氣氛，一間間沒什麼招牌的個性小店比鄰而居，大家過得簡單而有品味，街頭文化、塗鴉、咖啡、酒吧……最棒的人生。類似風格的除了Baja，中目黑還有一間叫「Sunday's Best」的迷你選物店，店主Yok桑的笑容就像是永遠停留在加州海灘的夕陽之下。

中目黑車站附近好餐廳很多，而且幾乎沒什麼地雷，即使每天隨機選間新餐廳嘗試也絕對不會失望，但我跟日本朋友卻一天到晚去同一間店吃飯……不是幽靜的西式小店，更不是隱藏在巷弄內的創意料理，而是位在大馬路旁2樓、看起來極普通的壽司居酒屋「いろは寿司」。這間招牌不怎麼吸引人、一點都沒有名店氣勢的大眾日本料理營業到深夜4點，相較於吧檯中老派的壽司師傅、穿著圍裙的服務生阿姨，「いろは寿司」夜晚的客層居然大都是此區服裝業的時尚男女們，還有藝人、設計師、造型師，可以說是「目黑區潮流人士」聚集密度最高的一間餐廳。

「為什麼這圈子的人都愛來いろは寿司啊？」在來過第N百遍之後，我突然問起一位打扮非常有型的日本髮型師朋友。

「就很好啊，什麼都好，又有酒、又便宜，還開到這麼晚。」

「大家不會去看起來比較時尚的店嗎？」

「為什麼要去別的地方？這裡又好吃、又有壽司、又有酒、又便宜……」

看來東京時尚圈的喜好，其實比我們外國人想像中的更切實際。我最初也是被日本模特兒朋友帶去，從此之後便一試成主顧；在這裡吃飯很輕鬆，大聲說話、大口喝酒，又好吃、又便宜、又開到凌晨4點……何必要去探索什麼假掰的「潮店」呢？大家來「いろは寿司」的頻率實在是高得驚人，住在附近的朋友們幾乎是每週必訪，但我卻從來沒在這兒看過任何觀光客，**可能「長得普通」才是名店的最強保護色**。我來這裡時必點「芽蔥加上生鵪鶉蛋（芽ネギ&うずらの玉子）」的軍艦壽司，「芽蔥」是青蔥的幼苗，吃起來淡雅鮮美，算是高級壽司店才見得到的食材，在「いろは寿司」每貫只要190日元。其他下酒菜、一品料理也全部都便宜又好吃，我最喜歡的小菜是「いぶりがっこ クリームチーズ」，就是「米糠醃老蘿蔔乾」配上「奶油起司」，這神來之筆的組合方式在日本傳統居酒屋常能見到。

雖然目黑區的生活費比在板橋區高了兩倍，對我跟男友來說也並不是完全無法負擔，但有個特殊的原因讓我遲遲無法下決心搬來這完美的地方；除了經濟因素，還有距離彼此共同生活圈太近的氛圍。我跟男友的感情顛簸地走了好幾年，歷經風風雨雨和大小人生轉折，卻沒有因此而越趨安穩。

「平成」最後到「令和」最初的嚴重爭執

又有一天，我又跟同居男友吵架離家了……我們倆這些年來總爭執不斷，但那是史上最嚴重的一次衝突。

「**母豬！妳去死吧！我討厭妳！給我永遠消失！**」他又一如往常地因為工作不順遂而遷怒於我。

我了解情商極低的藝術家男友在失去理智時總會口出惡言，但這辱罵已經超越我容忍度的極限。我趁他到美國出差時毅然離家，甚至留下分手信跟家裡鑰匙，還把私人衣物全部帶走，乍看之下心意已決、氣勢十足，卻距離我事先預訂的回台機票還有十幾天，與其花錢住在旅館獨自啜泣，不如投靠好姐妹的溫暖懷抱。

那天是日本「平成」時代的最後一天，我提著大小行囊來到朋友家；她是從台灣來到東京打拚的好女孩，一個人獨自住在上目黑區，而她也跟所有「新目黑人」一樣，正經歷著與美好想像中不同的生活壓力。跨時代之夜當晚，我們兩人散步到靠近中目黑高架橋的海鮮居酒屋「おらい」打算慶祝這特別的一夜，果不其然在店內巧遇我跟男友的共同朋友。

「你不要跟他說有碰到我喔……我們吵架了。」

朋友聽到我這樣說也只是心領神會地笑一笑，畢竟男友的古怪個性在好友圈中眾所皆知，大家似乎也都在猜測我到底還能忍受多久？

當晚我們點了招牌料理生魚片、醃漬螢烏賊配上日本酒……酒酣耳熱之後越聊越開心，也讓我悲傷的心情稍稍平復。時間來到凌晨零點，這是日本國睽違了31年的年代轉換之時，我們是整間店最後一組客人。突然間，背景音樂響起了歐陽菲菲的日文名曲〈Love Is Over〉，我瞬時感動不已，馬上跟老闆說我來自台灣……然後老闆又放了一首**鄧麗君**的歌曲〈時の流れに身をまかせ〉（〈我只在乎你〉日文版）。

「平成最後的時刻、令和最初的台灣名曲呢！」看來有點宅宅的、穿著動漫名作《阿基拉（AKIRA）》上衣的居酒屋老闆這麼說著，於是「平成時代」就在暖心的這一刻劃上終點。我很慶幸出生在昭和年間的自己又適逢了一個時代的終結，而且是跟真正懂得珍惜自己的好友或陌生人在一起。

幾天之後我便被男友召喚回去，這次依然沒有分手成功；一來是心疼他正經歷憂鬱情緒的狀態，厭食、暴瘦，他一向對自己跟別人都極度嚴苛，而憂鬱症的痛苦讓曾走過的我感同身受。最大的羈絆在於我們的共同事業夥伴與生活圈，如果此刻分開而昭告天下了，隨之而來的後續效應對任何一方來說都是件麻煩事。但光光是借住姐妹家的這幾天，可真是我自從到東京生活以來睡得最安心的幾天。

如果只是我一個人，我也會想住在目黑區，但如果是跟男友一起將會有種說不出的壓力；無論走到哪裡都能遇上熟人是件好事，也是件令人在意的事，我甚至不知道共同好友平時是怎麼談論我們倆的關係？以現今依然如此不穩定的狀態而言，應該沒什麼正向樂觀的評論。我心中深切地希望能度過所有困難，**兩個人幸福快樂地在人生中繼續牽手走下去……**那個時候，我們再搬來目黑，再來到這個最熟悉的生活圈定居，雖然不知道這一天何時會到來？到時候我絕對不會讓自己的小孩變成「待機兒童」，而是**全家跟著開朗的攝影師爸爸一塊兒環遊四海，認識比大和民族價值觀更寬廣的世界……我真心期待著。**

「最討厭夏天了……」

有天晚上我跟幾個日本女生朋友一起在渋谷區跑步，跑完就來到錢湯（大眾澡堂）「光明泉」盥洗。「光明泉」是一間距離中目黑車站很近的澡堂，乾淨明亮而現代化，還有都市澡堂中不多見的露天浴池。日本所有錢湯裡必備的「富士山風景畫」在光明泉裡也有，卻是由藝術團體「Gravityfree」創作的超現實風富士山圖，非常新潮。

「最討厭夏天了……梅雨季時目黑川水位暴漲，會變得很臭！」

我們泡在露天池裡聊天，長年住在目黑川旁的服裝設計師朋友如此抱怨著，看來這是只有櫻花季時會來觀光的外地人所不知道的痛苦。

「妳當初為什麼會搬來中目黑呢？」我問道。

「嗯……因為離渋谷近、離我公司近，又是發明檸檬沙瓦（レモンサワー）的地方……」

這理由讓我們大笑不已，但朋友的確是一個熱愛檸檬沙瓦的人，無論到哪間居酒屋她都是點檸檬沙瓦而不是啤酒。據說最早發明檸檬沙瓦的店家是中目黑的內臟燒烤店「ばん」，但已經在2004年歇業；而這道檸檬果汁、碳酸水加上焼酎的配方也成為日式調酒的經典。對她這種在時尚產業裡的人來說，目黑區的確是所有生活機能都最平衡的地方；而我也觀察到**「目黑人」其實很少離開渋谷周遭的區域**，這感覺似乎有點像台北的**「天母國人」**？

「泡澡泡夠了，我們去喝一杯吧！」

「好！」朋友登高一呼，我們幾個貪杯的女子馬上離開浴池。

當我們走出去時，恰巧有一位非常瘦小的女生正好進來，她用小毛巾遮著胸口，素顏、裸體，但散發出一股特別的氣質。我馬上意識到她可能是某位藝人？朋友對我使了使眼色要我別盯著瞧，看得太明顯實在不禮貌。後來才知道，她應該就是上戶彩。**跟大明星在澡堂袒身相見或許是「目黑人」的日常，但這可能也是此區居民最令人稱羨的其中一點吧？**

目黑川風景

東京每個行政區都有屬於自己的特色，也有地位高低之差，緊鄰目黑川的目黑區就是有名的「富人區」。目黑川兩側全是櫻花樹，四季皆美，是生活品質很好的地方。

目黑寄生蟲館

「目黑寄生蟲館」是東京有名的B級景點，館內收集了來自全世界的寄生蟲標本，一罐罐陳列展示著。這裡有許多抱著獵奇心態的外地遊客特地來訪，入場完全免費。

目黑安親班兒童

目黑區的貴婦們來安親班接小孩回家，看似幸福美滿，但其實目黑區的幼兒園數量嚴重不足，也使得這裡成為東京「待機兒童」問題最嚴重的區域之一。

← Sunday's Best 選物店

中目黑有一間叫「Sunday's Best」的迷你選物店，充滿美國西岸風情，店主 Yok 桑的笑容就像是永遠停留在加州海灘的夕陽之下，是我常常造訪的熟識店家。

↑ Baja 酒吧

來到中目黑時，我跟滑板人朋友絕對必訪已經超過 15 年歷史的「Baja」，這是間能讓自己感覺像回家的小酒吧。點幾杯調酒、吃幾個 TACO 餅，然後愉快地失去記憶。

PERFECTION IS STANDARD ICY SIGNS MISTAKES COST EXTRA
Shorty's
SPITFIRE
SUNDAYS BEST
NOT INCLUDING SALES TAX
JHAKX
Sharpie
St Ives
OPEN
SUNDAYS BEST

↑いろは寿司料理

我來「いろは寿司」時必點「芽蔥生鵪鶉蛋」軍艦壽司，還有「米糠醃老蘿蔔乾」配上「奶油起司」的下酒小菜，這神來之筆的組合方式在日本傳統居酒屋常能見到。

↑↑いろは寿司

位在大馬路旁 2 樓、招牌看來不怎麼吸引人的壽司居酒屋「いろは寿司」，是目黑區潮流人士聚集密度最高的一間餐廳，可能「長得普通」才是隱藏名店的最強保護色。

居酒屋おらい

靠近中目黑高架橋的居酒屋「おらい」招牌是海鮮料理，生魚片、醃漬螢烏賊都非常美味，而我在這裡暖心地度過了「平成」跨越「令和」的跨時代之夜。

光明泉
光明泉
炭酸泉　サウナ
人工ラジウム泉
週替り露天風呂
KOHMEISEN
Asahi
WONDA

光明泉

「光明泉」是間距離中目黑車站很近的澡堂，乾淨明亮現代化，還有每週男女湯互換的露天浴池。在這常能看到藝人來訪，跟大明星袒身相見也是「目黑人」的日常。

目黑 MEGURO

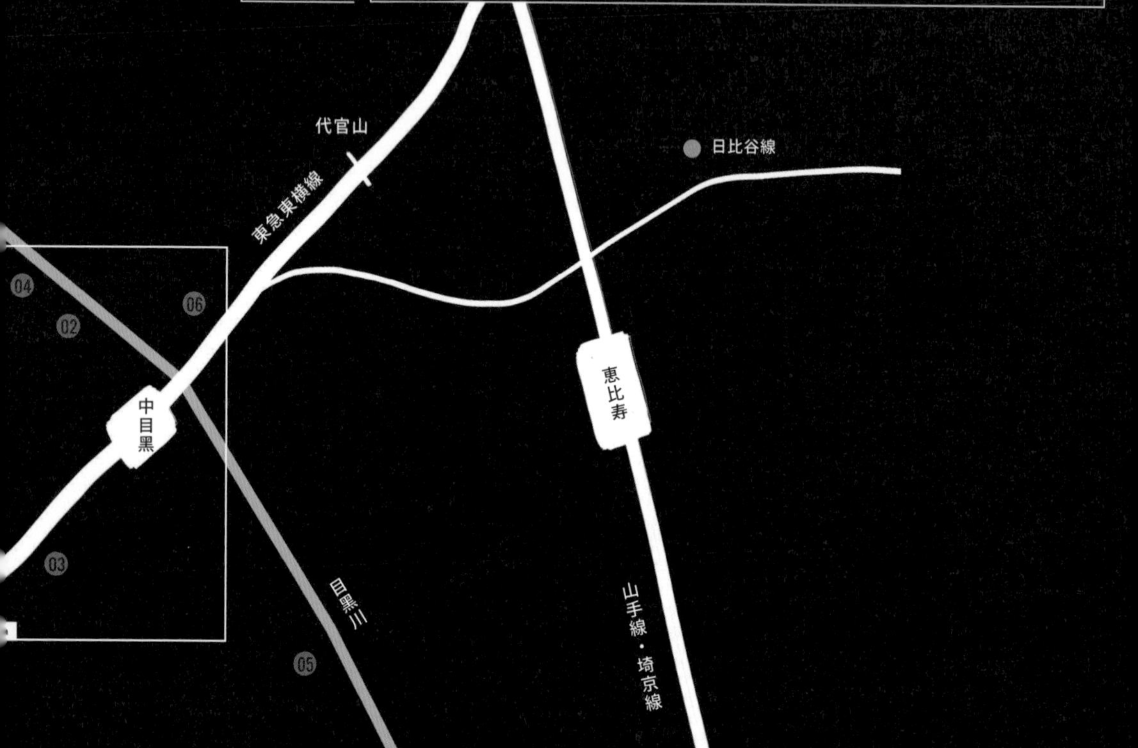

博物館

01 目黒寄生蟲館

東京都目黒区下目黒４丁目１－１

⏻10:00~17:00（週一公休）

酒吧

02 Baja

東京都目黒区上目黒１丁目１６－１２

⏻ 週一 ~ 週五 18:30~29:00

週六、週日 17:00~24:00

餐廳

03 居酒屋おらい

東京都目黒区上目黒２丁目１５－１２

⏻17:00~24:00（不定期公休）

餐廳

04 いろは寿司

東京都目黒区青葉台１丁目３０－１０

⏻17:00~28:00

選物店

05 Sunday's Best

東京都目黒区５ 中目黒３丁目５－３０

⏻12:00~20:00（週四公休）

澡堂

06 光明泉

東京都目黒区上目黒１丁目６－１

⏻15:00~25:00

景點

07 木村拓哉豪宅

04
02
光明泉
06
目黒川
07
山手通り
中目黒駅
03

下町

SHITAMACHI 05

固執守舊的老東京

近來，大發遊客財的「下町」定義已經被改變為「觀光老街」，但江戶風情卻依然存在於那些老鋪酒場之中。東京多的是不想跟時代妥協的人，對於真正的下町居民來說，改變遠比守舊困難得多了……

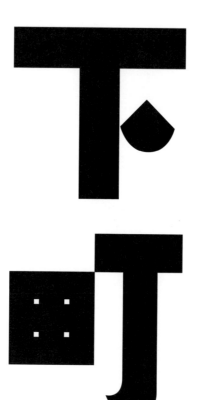

煙

近幾年，追求深度旅遊的遊客很熱衷於**「下町文化散步」**行程，但大家其實也搞不太清楚什麼是真正的「下町」？總之只要舊舊的、悠悠閒閒的、拍照好看就好。事實上，東京只有幾個地方可以被稱為「下町」，最具代表性的是：**淺草**、**日本橋**、**深川**、**神田**、**台東區下谷**、**墨田區本所**，另外對外國觀光客來說頗具名氣的**「谷根千（谷中、根津、千駄木）」**區域本來並不是江戶時代的城下町，只是因為此區在太平洋戰爭時沒受損，後來政府也沒重新開發，保留了老日本風情而被日本媒體刻意炒作爆紅。江戶幕府為了軍事安全性考量，大官們住的地方地勢比較高，被稱為**「山の手」**；而在大官御府四周的低窪地區就是「下町」，庶民們靠著水運通商使城鎮蓬勃發展，當然花柳街、遊廓（妓院）也是下町文化中重要的一部分。

「下町散步」其實沒那麼浪漫，大部分下町之所以被保留下來，說實在的就只是因為「老城區產權不清、都更談判困難」，或是那地方沒什麼被都更的必要性。但日本人就是很懂得做都市行銷，現在東京這幾個曾讓開發商頭疼的下町都成了觀光收益龐大的搖錢樹。當然下町區域還是有被改變的可能性，就像本來已因天災人禍近乎荒廢的墨田區本所，在2008年被蓋了座重要而龐大的電波塔「晴空塔（TOKYO SKYTREE）」，卻也因此吸引外國遊客前往、重獲新生。

我有個日本朋友出生在台東區上野一帶，他家很有錢，簡單來說就是像台北萬華區的地主。他曾說下町的老居民都很頑固，在他家附近有間小小的「**八百屋**」（日文「蔬果店」的意思）就位在精華地段上，建商三番兩次來找老闆談都更，但老人家寧願天天賣一根100日圓的蘿蔔維生，也不願意把土地讓出去。

「我本來以為那個老人家是念舊……後來才發現我錯了，原來他持有的土地根本不止那間破小店，而是下谷地區的好大一部分！他根本只是覺得價錢談不攏罷了！」據說那蔬果店老闆的地還滿荒廢的，在如此精華地段何不乾脆把空地售出，讓東京開發得更蓬勃呢？但他就是不要，不要就是不要，這就是**下町老居民的固執**；也多虧了這些固執，**宛若活歷史般的老東京風情才得以保留下來**。

「那你家的土地有人來談都更嗎？」

「當然有啊，地價未來也只會漲不會跌，何必要現在賣掉？」原來朋友的想法也跟那老頭差不多。比起追求眼前近利的台灣地主，這些老東京地主的城府可深的了。

東京下町的歷史在上野公園中的「下町風俗資料館」中可以看到，日本政府的確很積極地在保留庶民文化史料，但對熱衷追求新事物的我來說，現在變得非常觀光化的下町實在沒什麼太大魅力，只有一件事情深深吸引我，就是下町的老鋪餐廳、居酒屋、錢湯。發源於下町的居酒屋有個專門名稱叫「**下町酒場**」，是東京現今所有大眾居酒屋的原型，特色是讓老闆與客人們都能面對面暢談的「ㄈ」字型櫃檯。雖然下町酒場的特色料理已經在東京到處都吃得到，但有興趣的人來此感受的就是一股念舊的歷史風情。可惜的是，老居酒屋往往還保留一些不成文的規矩，例如女人不可以單獨入店、沒有熟客帶著的客人不能入店……幕府鎖國時代都結束這麼久了，為什麼還要墨守江戶時代的傳統？老東京居民真的很固執，他們一點都不想與時俱進；而這或許也是下町續存的關鍵。

淺草：觀光客與邊緣長者共存的下町

誰第一次到東京時不是去淺草？誰沒逛過仲見世通商店街？誰沒跟雷門拍過照？這個有上千年歷史的地方，可說是東京……不，可說是日本國首屈一指的代表景點，即使特產店賣得多是印上「Ninja」或「I LOVE TOKYO」的中國製T恤。

淺草之所以受外國人歡迎，就是因為有寺廟古蹟可參觀、傳統祭典多，有合羽橋道具街可以逛，還有日本料理可吃、人力車可坐，更可以租套和服四處拍美照。淺草的觀光資源與條件都非常充足，卻也奇妙地保留了像「淺草地下街」這樣**散發著邊緣感的地方**。小小的「淺草地下街」位在東京都地下鐵銀座線出口，是日本現存最古老的地下街，這不見天日的暗巷彷彿永遠停留在昭和初年，伴著殘舊的居酒屋、老人、外籍移民與濃濃霉臭味。其實我很難理解淺草地下街被保存下來的原因？雖然距離現代化的地鐵出口只要5秒鐘路程，但那好似被時代遺棄的神祕感，不算是觀光客會樂意前往的地方。地下街中最古老的店家要屬「亀すし」，老闆見證了這裡六十幾年間的衰敗與變遷，問老闆為何不搬走？

「現在還是有很多老客人會來啊，大家都會聊著以前風光的時代……這裡應該只有我能繼續開店守護下來了……」

捏了半世紀以上壽司的「亀すし」老闆堅持做到人生結束的那一刻，**生在淺草、死在淺草**。而到了那一天，這條日本最具歷史的地下街或許也會就此消失在東京。

淺草有一點讓我不是很喜歡，就是店家實在是太早打烊；即使是開在「ホッピー通り（Hoppy 大道）」上的大部分居酒屋也只營業到晚上10點半就關門了；唯有昭和48年創業的老咖啡洋食屋「ロッジ赤石」每天默默地營業到凌晨4點。「ロッジ赤石」的招牌菜是日本人發明的「拿坡里義大利麵（ナポリタン）」，在深夜時總聚集了許多計程車司機來喝杯咖啡，也用這充滿濃郁番茄酸香的老味道撫慰一天辛勞。

日本橋：地價一坪兩千萬日幣的下町

或許難以置信，東京車站、三越百貨……住一晚要價好幾萬台幣的香格里拉酒店的周遭是「下町」？在歷史與地理定義上，中央區日本橋一帶的的確確是「下町」，西元1603年日本橋在建設時是位於武士官邸「山の手」外的低窪商業地區；但隨時代變遷，現今日本橋周邊給人的感覺離「下町」的庶民感實在很遙遠……唯有人形町、水天宮這一帶還保有些許平實的甜點店、熟食店，包括「甘酒橫丁」中的百年豆腐老鋪「とうふの双葉」，與東京三大鯛魚燒名店之一的「柳屋」。

據西元2019年的土地價格市場調查：全日本地價最高的地區是東京都中央區，也就是日本橋這裡，土地每坪要價2,717萬日圓（約等於每坪新台幣770萬）……由此可見，柳屋賣那一尾160日圓的鯛魚燒真的只是為了飲食文化傳承。日本橋的老鋪大概都是做興趣的，也因此他們總能維持百年來一貫的味道。在這裡有一間非常有名的居酒屋「ふくべ」，店內一直都維持創業80餘年來的優雅，「ふくべ」的藏酒量豐富、鮮魚料理也好吃，對於像我這種熱愛日本酒的人來說絕對是必訪之地。

深川：文青化打卡用的下町

清澄白河、門前仲町這兒過往叫「深川」，從400年前江戶時代初期就是捕魚人聚集的下町，後來被都市化開發，成為伴著一堆有名廟宇的低調住宅區，大導演小津安二郎也出生於此。自從美國來的 Blue Bottle Coffee 在清澄白河設店後，這河畔才因為文青咖啡店聚集而為台灣觀光客所知。還記得2015年藍瓶咖啡一號店開業時的盛況嗎？那時簡直天天大排長龍，幾乎每個台灣人到東京都要特地來買杯咖啡打卡，一堆「到東京必喝藍瓶咖啡！」的部落格文章更在網路竄紅，搞得就像Blue Bottle Coffee是日本品牌一樣。當時我覺得這莫名其妙的社群現象還滿有趣的，但對於來到此地反而完全提不起興趣了。

說起深川最有名的料理是「深川飯（深川めし）」，海瓜子炊飯、泡飯或是醬汁蓋飯，每間店的做法都不太一樣；乍聽之下很美味，但嘗過之後便會發現其實也不是什麼非吃不可的特色料理，不需高超廚藝自己在家也煮得出來。

在門前仲町有間經營60幾年的下町酒場「魚三酒場　富岡店」，這裡原本是鮮魚店，後來才改成能以便宜價格提供魚貨料理的居酒屋，整間店的內裝還是維持著昭和時代的格局，不但是當地人的排隊名店，也是一個文青們不會來的地方，推薦給跟我一樣**不喜歡小清新氛圍**卻又不得不來到此區的人。

神田：阿宅與延續了江戶風華的庶民下町

雖然大家對秋葉原的印象總停留在「電車男」、「陸客爆買電器」，還有2008年造成七人罹難的無差別殺人事件，但秋葉原周遭其實是個很值得探索的地方，不但有大量的御宅族裏文化，也有不為外人知的隱藏美食。神田在江戶時代是個有許多習武場的下町，包括坂本龍馬、新選組成員們曾研習的武士刀劍術「北辰一刀流」的道館也在這裡。由江戶時代開始，五月中旬舉辦的祭典「神田祭」屬於東京三大廟宇祭典之一，非常壯觀熱鬧，秋葉原電器街屆時將被成千上萬人擠到水洩不通。

由於阿宅與飢腸轆轆的年輕族群多，甚至在東京車站這邊大公司的上班族也會特地到鄰近的神田吃午餐（東京車站周遭的美食太貴了），所以神田便宜的B級美食非常多，被稱為「東京午餐的一級激戰區」。食堂「栄屋ミルクホール」的名稱意思是「榮屋 Milk hall」，二戰後日本政府鼓勵民眾多喝牛乳促進健康，但其實現在這是一間沒有賣牛奶的拉麵、咖哩飯小餐館；我是覺得味道普通、非常簡樸懷舊，但吃吃氣氛還不錯，而且很便宜。如果吃完B級美食酒蟲癢了想喝酒，開了30幾年的大眾酒場「とうきょう」實在是很有趣，直接在招牌上寫著「神田第一便宜的的店！」雖然不知道它是否真的是神田第一便宜的居酒屋？但保證絕不傷荷包，而且還充滿下町庶民風情。

下谷：看似開國其實鎖國派依舊存在的下町

下谷是江戶時代東京台東區西邊的部分，包含上野、入谷、根岸等地。這裡一直是與淺草、深川並列的東京下町代表區域。順帶一提，大家所熟知的上野「阿美橫丁」是因為二戰時下谷被破壞得很嚴重，戰後才沿著高架橋下發展出販賣美軍商品的黑市商店街，並不是江戶城下町時代就存在的商業設施。

在鶯谷這裡有一間創業於西元1856年的百年老酒場「鍵屋」，現在的老闆已經是第七代了，只要是研究東京居酒屋老鋪的人都知道此超級名店。這間歷經德川幕府時代、開國、太平洋戰爭的居酒屋依然屹立不搖，可說是東京的瑰寶，更是真正的庶民文化歷史傳奇。據說身處在「鍵屋」如時光停滯般的老屋空間內，能吃到令人永生難忘的「煮奴（滷豆腐）」、喝到極致的熱清酒……但因為店家拒絕女性單獨入店（無論幾個女人都不行，有男人陪伴就可以），所以總是一個人探索裏東京的我實在無緣登門造訪。**為什麼拒絕女性單獨入店？**因為是百年來的傳統，必須延續與遵守……這就是大和民族性。

關於上野這邊的潮流文化，只要有在蒐集球鞋的人應該都知道東京球鞋商「MITA SNEAKERS」。擁有大量限定鞋款與交易量的「MITA SNEAKERS」本社不在原宿或其他年輕人聚集的潮流區域，反而座落在上野一棟傳統食品販售大樓「阿美橫丁中央大樓」內，與中華食材、魚貨、老鐘錶店在一起，可見主理人身為老上野人的堅持。

本所：留在歷史的下町

如果要說老東京有什麼值得追憶惋惜的下町，那就是本所，一個曾經存在、曾經繁華的城下町。本所是現在的墨田區，東京晴空塔這邊，江戶時代跟深川一樣都是熱鬧的住宅區；但1923年關東大地震時本所地區九成被燒毀，高達四萬八千多人罹難……之後二戰東京大空襲更被破壞得非常嚴重。命運多舛的本所沒留下什麼老街或遺跡，但由於接近隅田川、淺草，現在被民眾當作是淺草觀光行程的一部分。而江戶時代的「本所七不思議」傳說，則被以故事或落語（單口相聲）的形式給流傳了下來。其中有一則「置行堀」的怪談，說得是有兩個好朋友相約在本所的護城河中釣魚，收穫非常豐盛，當夕陽西下決定收竿時，卻聽到水底傳來：「「置いていけ（留下再離開）」的聲音……他們嚇得立刻跑回家，然後就發現魚籠中捕到的魚已經全部消失了。當然這個故事也有比較恐怖的版本，是其中一人決定放棄漁獲逃走，但堅持帶著魚籠的一人則被水裡伸出的手給抓進河裡溺死了。

除了「置行堀」之外，還有「狸囃子」、「送行拍子木」、「送行提燈」、「足洗邸」、「燈無蕎麥」、「片葉葦」共七則經典怪談故事為後人所津津樂道，這也是老東京人懷念本所的方式。如果真有靈魂存在，那些已成為歷史的「本所っ子」（本所人自稱）在天之靈看到充滿生氣的晴空塔屹立於此，應該也會很欣慰吧？

下町不死，更不會凋零

以現存且依然繁榮的下町來說，**這兒多的是不想跟時代妥協的人，除非富士山爆發或是哥吉拉來到東京，不然下町永遠都會存在**。充斥著外國遊客的下町，也依然會有些堅持不接生客的地方，因為這些真正的老居民並不缺錢，更不想發觀光財。探索東京「裏下町」一定需要當地人帶路，像我這樣的外國人，光憑著熱情與勇氣也絕對不得其門而入，尤其是老城區不能為外人道的非法珍饈。仔細想想，日本人其實一直是茹毛飲血的，他們追求新鮮、熱愛生食，不只上桌時魚頭還在抽動喘息的刺身，大眾也一直有吃生牛內臟的習慣；據說這是朝鮮難民帶來的飲食傳統，但已根深柢固成為日本的一部分。２０１１年，日本富山縣一間超平價燒肉店「焼肉酒家えびす」的韓式生牛肉（ユッケ）因為不新鮮而造成嚴重食物中毒事件，總共有一百多名患者感染、更造成4人死亡，從此之後，日本法律明文禁止店家販售生牛肉與內臟。由那一天起，生牛肉確實從餐廳菜單上消失了……但在東京下町的一些燒肉店中，只要你是店家能信任的熟客，依然可以點到隱藏料理。男友有一位潮流圈的前輩熟識下町，也因此我們才有幸跟著他去嘗鮮，在這家我不能透漏店名（因為違法）的內臟燒烤店中可以吃到各式各樣的生食，包括牛肚、牛肝、輸卵管等等……吃法就是沾上麻油與店家特調的韓式醬汁。說也奇怪，很多日本人無法接受亞洲的傳統食材，例如中國的鴨血、台灣的豬血糕……但卻喜歡吃生肉、生內臟。無論有多熱愛探索美食、又或者有多信任這間餐廳食材的新鮮度，血淋淋的生牛肝卻是我一直不敢嘗試的，據吃過的朋友表示：滑嫩的口感之中還有股鐵質鮮味。這種販售隱藏菜單的店家通常位於下町深處，他們不做生客的生意，卻天天高朋滿座、一位難求。

無論淺草、上野、日本橋……現在這些東京老城區總有滿滿的外國觀光客，因此而發財的店家很多；保有鎖國思想，不願「開國」的店家卻也依然存在著。一些文史工作者致力於保護下町的歷史與傳統，但我卻不認為東京下町有一天會完全消失或凋零，**對這些老東京人來說，「改變」遠比「守舊」困難得多了。**

谷根千街景

谷根千本來並不是江戶時代的城下町，但因為此區保留了老日本風情而被炒作爆紅。有著小型千鳥居的「根津神社」以及「谷中銀座商店街」都是熱門景點。

根津神社

傳說是 1900 年前由日本武尊創建的古老神社，內有一處寧靜優美的小型鳥居，很受觀光客歡迎。現存神社正堂是第五代德川將軍於 1706 年所建，保存的非常完整，被指定為「國家重要文化財」。

←淺草寺街景

淺草寺這個有上千年歷史的地方，可說是日本國首屈一指的代表景點，觀光資源也很豐富，外國客初訪東京時必定會來到雷門的仲見世通商店街遊覽。

↖合羽橋道具街

合羽橋道具街中最熱門的店家要屬專賣食品模型的「まいづる」，發源自日本的食品模型是外國觀光客必買的紀念品，價格不便宜但卻是手工製作的精細藝品。

↗下町風俗資料館

東京下町的歷史可在上野公園的「下町風俗資料館」中看到，進入這兒就像是回到了江戶時代。館內有許多老東京實景，包括早期錢湯（澡堂）的櫃檯陳設。

仲見世

淺草地下街

「淺草地下街」位在地下鐵銀座線出口，是日本最古老的地下街，這不見天日的暗巷彷彿永遠停留在昭和初年，伴著殘舊的居酒屋、老人、外籍移民與濃濃霉臭味。

地下鉄銀座線
Asahi
アサヒビール
エポスカードATM
この奥
コインロッカー
銀行ATM
この裏
BANK
セブン銀行
MONEY EXCHANGE
外币兑换 外幣兌換 외화환전
200円
SAPPORO

亀すし

淺草地下街中最有資歷的店家是「亀すし」，捏了半世紀以上壽司的老闆見證這裡 60 幾年間的衰敗與變遷。壽司套餐便宜暖心，附上漬物跟甜甜的白味噌湯。

ロッジ赤石

昭和 48 年創業的老咖啡洋食屋「ロッジ赤石」營業到凌晨 4 點，招牌菜為日本人發明的「拿坡里義大利麵（ナポリタン）」，是充滿濃郁番茄酸香的老味道。

牛すじ 居酒屋
牛もつ煮込み
大勝

ホッピー通り

「Hoppy 大道（ホッピー通り）」是淺草的居酒屋街，店家大多以燉煮料理（煮込み）為招牌，也有販賣文字燒和鯨魚肉的店家；在此處能喝到稀有的「生 Hoppy 酒」。

日本橋街景

高樓銀行、五星級飯店……現今日本橋周邊給人的感覺離「下町」的「庶民感」實在很遙遠，但在歷史與地理定義上，中央區日本橋一帶的的確確是「下町」。

柳屋鯛魚燒

「柳屋」是「東京三大鯛魚燒」之一的名店，薄皮鯛魚燒都是一尾一尾手工烤出來的。雖然位在地價一坪近 2000 多萬日幣的地段，但鯛魚燒只賣 160 円。

とうふの双葉

日本橋「甘酒橫丁」中最有名的店家要屬百年豆腐老鋪「とうふの双葉」，招牌商品是豆乳甜甜圈、甜酒，也有附設販賣豆腐料理的餐廳。

↑居酒屋ふくべ

居酒屋名店「ふくべ」一直維持創業 80 餘年來的優雅，藏酒量豐富，對於熱愛日本酒的人來說絕對是必訪之地。我總是獨自來此，與第三代老闆暢談歷史。

↑↑深川街景

建於 1703 年的佛寺「深川不動堂」是來自千葉縣成田山新勝寺的分院，香火鼎盛的此處從江戶時代就是深川下町的繁榮區，現在的地名則叫「門前仲町」。

↑深川飯

深川最有名的料理是「深川飯（深川めし）」，海瓜子炊飯、泡飯或是醬汁蓋飯，每間店的做法都不太一樣，也有這種海瓜子與半熟蛋花的「深川丼」。

↑↑魚三酒場

超過60年的下町酒場「魚三酒場」原本是鮮魚店，後來改成能以便宜價格提供魚貨料理的居酒屋，整間店的內裝維持著昭和時代的格局，是當地的排隊名店。

↑秋葉原隨機殺人事件地點

2008年秋葉原此處發生了隨機殺人案，嫌犯加藤智大開貨車衝撞人群並拿刀砍殺無辜路人，總共造成7人罹難，是日本30年以來最嚴重的隨機殺人事件。

神田下町街景

神田在江戶時代是個有許多習武場的下町，現在則成為電器街。無論過去還是現在，神田都是東京庶民生活的中心，算是最保留沿襲了「下町」意義的區域。

軽食・喫茶
サカエヤ
TEL(252)1068
Drink
Coca-Cola
ミルクホール
ラーメン

今なら0円で
コーヒー
もらえちゃいます
無料

→栄屋ミルクホール

「栄屋ミルクホール」名稱意思是「榮屋 Milk hall」，二戰後日本政府鼓勵民眾多喝牛乳促進健康，但現在這是一間沒有賣牛奶的小食堂，醬油拉麵味道簡樸懷舊。

↖居酒屋とうきょう

開了30幾年的大眾酒場「とうきょう」實在是很有趣，直接在招牌上寫著「神田第一便宜的的店！」它是否真的是神田第一便宜的居酒屋呢？

↖ 居酒屋鍵屋

百年老酒場「鍵屋」創業於西元1856年，曾歷經德川幕府、開國、太平洋戰爭，至今依然屹立不搖，可說是東京下町文化的瑰寶，但也延續了「女性單獨不可入店」的傳統。

関取 花
メジャーデビューミニアルバム
「逆上がりの向こうがわ」
2019年5月8日発売
アメ横女学園
あまちゃん
ロケ地です
アメ横センタービル
アメ横センター
3F
BANK
がに 毛がに まぐろ (株)石山商店 TEL03-3833
令和

阿美橫丁街景

太平洋戰爭時下町「下谷」被破壞得很嚴重，戰後則沿著高架橋下發展出販賣美軍商品的黑市「阿美橫丁」，現在成為東京最受外國觀光客歡迎的商店街。

MITA SNEAKERS

有大量限定鞋款的「MITA SNEAKERS」本社不在原宿或其他年輕人聚集的潮流區域，反而座落在上野「阿美橫丁中央大樓」內，與中華食材、魚貨、老鐘錶店在一起。

生牛內臟

日本人一直有吃生牛肉、牛內臟的習慣，生牛輸卵管、生牛肚、生牛肝……探索東京「裏下町」一定需要當地人帶路，尤其是老城區內不能為外人道的非法珍饈。

晴空塔與淺草街景

命運多舛的本所下町沒留下什麼老街或遺跡，但自從墨田區建設了晴空塔之後，吸引許多外國遊客造訪、重獲新生；現在本所則被民眾當作是淺草觀光行程的一部分。

下
町
SHITAMACHI

下谷 · 博物館
01 下町風俗資料館
東京都台東区上野公園２－１
09:30~16:30（週一公休）

淺草 · 景點
02 淺草寺
東京都台東区浅草２丁目３－１
06:00~17:00、06:30~17:00（十月至三月）

淺草 · 商店街
03 合羽橋道具街
東京都台東区松が谷３丁目１８－２

淺草 · 商店街
04 淺草地下街
東京都台東区浅草１丁目１－１

淺草 · 壽司
05 亀すし
東京都台東区浅草１丁目１－１
（浅草地下街）
11:00~18:30

淺草 · 商店
06 食品様品 まいづる
東京都台東区西浅草１丁目５－１７
09:00~18:00

淺草 · 居酒屋街
07 ホッピー通り
東京都台東区浅草２丁目３－１９

淺草 · 咖啡洋食
08 ロッジ赤石
東京都台東区浅草３丁目８－４
週二～週四 9:00~28:00
週日、國定假日 9:00~25:00（週一公休）

日本橋 · 百貨公司
09 日本橋三越本店
東京都中央区日本橋室町１丁目４－１
10:00~19:00

日本橋 · 飯店
10 香格里拉酒店
東京都千代田区丸の内１丁目８－３

日本橋 · 豆腐店
11 とうふの双葉
東京都中央区日本橋人形町２丁目４－９
11:30~14:00、17:00~22:30（週日、國定假日公休）

日本橋 · 鯛魚燒
12 柳屋
東京都中央区日本橋人形町２丁目１１－３
12:30~18:00（週日、國定假日公休）

日本橋 · 居酒屋
13 ふくべ
東京都中央区八重洲１丁目４－５
週一～週五 16:30~22:15
週六 16:30~21:15
（週日、每月第二與第四個週六公休）

深川 · 廟宇
14 深川不動堂
東京都江東区富岡１丁目１７－１３
08:00~18:00

深川 · 景點
15 小津安二郎誕生地
東京都江東区深川１丁目８－８

深川 · 咖啡店
16 Blue Bottle Coffee
東京都江東区平野１丁目４－８
08:00~19:00

深川 · 居酒屋
17 魚三酒場 富岡店
東京都江東区富岡１丁目５－４
一樓 16:00~22:00
二樓 16:00~21:30
（週日、國定假日公休）

神田 · 事件地點
18 秋葉原無差別殺人事件地點

神田 · 拉麵店
19 栄屋ミルクホール
東京都千代田区神田多町２丁目１１－７
10:30~17:00（週六、週日、國定假日公休）

神田 · 居酒屋
20 とうきょう
東京都千代田区神田須田町１丁目１４
11:40~14:00、17:00~23:00
（週日、國定假日公休）

下谷 · 商店街
21 阿美横丁
東京都台東区上野４丁目９－１４

下谷 · 居酒屋
22 鍵屋
東京都台東区根岸３丁目６－２３
17:00~21:00（週日、國定假日公休）

下谷 · 商場
23 阿美横丁中央大樓
東京都台東区上野４丁目７－８

下谷 · 球鞋店
24 MITA SNEAKERS
東京都台東区上野４丁目７－８
11:00~19:30

本所 · 景點
25 東京晴空塔
東京都墨田区押上１丁目１－２

谷根千 · 廟宇
26 根津神社
東京都文京区根津１丁目２８－９
06:00~17:00

谷根千 · 景點
27 谷中銀座商店街
東京都台東区谷中３丁目１３－１

下町 SHITAMACHI

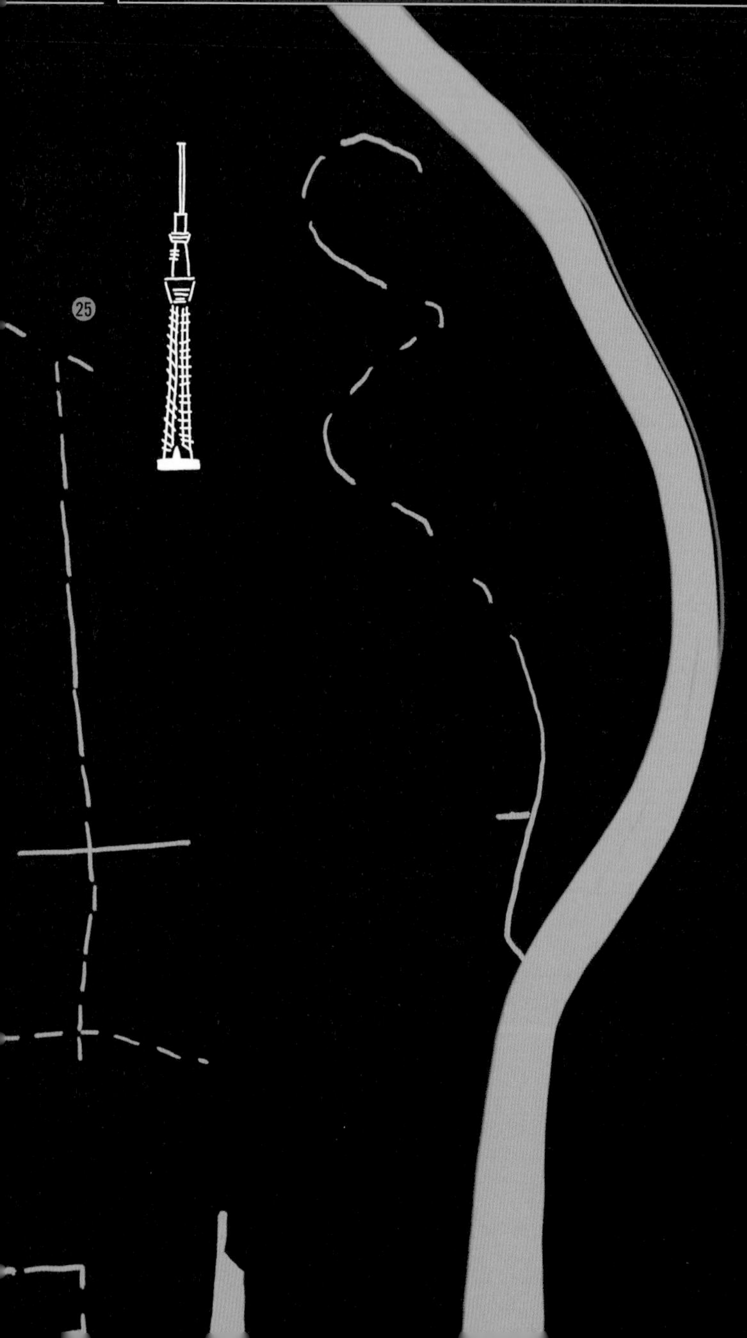

日暮里
27
26
22
鶯谷
上野恩賜公園
03
08
上野
07
02
06
04
浅草
05
21
23
01
24
隅田川
湯島
アメ横
御徒町
サカエヤ
ミルクホール
18
秋葉原
浅草橋
20
19
神田
令和
東京駅
TOKYO
09
11
12
人型町
10
13
皇居
16
15
14
有楽町
17
新橋

渋谷

SHIBUYA 06

混亂與文化

109 百貨周遭非常髒亂，聚集了大量穿著入時而魯莽無禮的年輕人們，也聚集了浮浪者。這兒是日本音樂、流行文化的發源地，對世界都有極大影響力。我曾在此歷經了一段故事，那是屬於我的黑歷史……

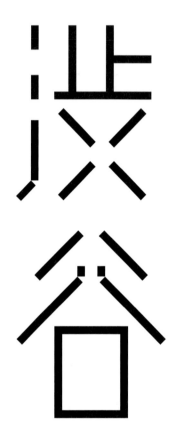

這是屬於我自己的黑歷史，從來沒對人提起，卻又無法將它從記憶中抽離。

多年前還在當職業模特兒的時候，約莫有兩個月，我都住在渋谷道玄坂上的短租式公寓內；記得那時天天走下道玄坂，要前往渋谷車站途中都會經過一個叫「百軒店」的區域，那個區域在夜晚總散發出類似新宿歌舞伎町的氛圍；看起來像應召女子的短裙辣妹們手挽年輕男性，一對對地走進斜坡深處的愛情賓館中。

「此時此刻，方圓一百公尺內……不知道有多少人正在做愛呢？」我猜想著，帶有對那些肉慾橫流男男女女諷刺的情緒。

應召女賣的是身體，我賣的是靈魂

此時的我很寂寞，寂寞的原因並非沒人陪伴，而是我正於台灣經歷一段不可能有結果的感情。我愛上了一名有婦之夫，對方的妻子是位檯面上的狠角色、網紅女強人，他們還有兩個很可愛的女兒。我一直以為自己是只要愛情不需名分的浪漫派，沒想到真的誤入這段關係之後，我變得異常脆弱；罪惡感、對未來的不確定感……自己也知道結束後就是一場空，卻也不知道迎向終結的那一天何時會到來？當接到東京模特兒工作的邀約之後，我毅然決然收拾行囊來到渋谷，那時我不懂半句日文、身無分文，只能靠客戶提供的零用金預算吃三餐。沒有熟識的當地友人、沒有人噓寒問暖，手機的便宜網路卡還有嚴格流量限制，連想上個臉書跟台灣朋友訴苦都不行。但我依然認為這是一個很好的機會，來到東京、來到沒人認識我的新環境發展，也期待自己能藉工作順勢爬出泥沼，脫離這混沌深淵……但我真的很寂寞。

「週六可以來找你嗎？我有事要來東京三天。」還沒走到渋谷車站，手機就震動了一下，居然是那男人傳來的訊息。

「你一個人？」

「跟朋友一起，但我可以抽空過來找妳一下，吃頓飯吧？」

此刻我並沒有立即回應，腦中卻被這邀約搞得一片混亂……跟朋友一起？我看是帶著妻小來東京玩吧？他的老婆是個百分之百的哈日族，熱愛原宿的時尚文化，也總把女兒們打扮得跟日本雜誌上的小孩一樣；然後拍下全家快樂出遊的合照放上社群網路，在外人面前營造出無堅不摧的幸福家庭形象。身為「小三」，我知道這一切都是假象，卻因此而沾沾自喜……明明理解殘酷的事實對我一點好處都沒有，到頭來我才是那個一無所有的可憐女人，但不知為何就是放不下？我曾為了逃離一切而來到東京，此時卻沒有說「不」的勇氣，這段感情就是這麼脆弱，我知道我一旦拒絕了他，它就真的會隨之消逝。

星期六傍晚，那個男人帶著溫柔的笑容出現在離車站有段距離的道玄坂郵局前，之後我們便搭上計程車前往六本木的高級餐廳吃飯。日本計程車費用是台灣的5倍之高，對於當時為了節省開銷而一天只吃一餐的我來說，**「在東京坐計程車去吃米其林餐廳」這事簡直如受公主禮遇般夢幻，而我確實也是童話故事中的公主，12點一到魔法消失後就將被打回原形。**那晚我們倆吃了極昂貴的法國料理，坐在能清楚看見東京鐵塔的位子，喝了一瓶年份紅酒……也聊了很多開心事與近況，一切都是那麼美好、自然而浪漫。

「這是車資，到家了傳個訊息給我。」吃完飯後他將我送上停在六本木之丘前的計程車，還塞了10萬圓日幣給我，當然車資絕對不需要那麼多，我也知道多出來的錢就是他要給我花用的。

「你不能多陪陪我嗎？」

「不行……我要回飯店了。」

「回飯店找朋友？……是XXX吧？」我說出他太太的名字。

「……妳到家傳個訊息給我。」他沒有回答，跟司機報上地址後隨即輕輕地闔上車門。那一晚，我們甚至沒有機會接吻。

計程車沿著首都高架橋下一路開到渋谷，司機一貫地專注而不苟言笑，在後座的我卻已哭到眼前一片模糊，僅能透過車窗窺見外頭的閃爍招牌與人群。我在百軒店區塊前提早下車，想坐在暗巷抽根菸冷靜一下，此時，那名經常出現在這兒的短裙辣妹又挽著不同男人的手臂走向愛情賓館，他們的身影消失在絢爛霓虹燈之中，看起來就像一對熱戀情侶。我冷冷地笑了笑，打開自己的川久保玲長夾，檢查裡頭多出來的幾張日幣大鈔。**應召女賣的是身體，我賣的是靈魂。**

之後的日子我依然每天走下道玄坂，經過新大宗停車場的巨大交通錐，世界知名的109百貨，然後搭上JR山手線去工作。這段有些陡峭的斜坡一整天都是人潮鼎沸的狀態，聚集了大量穿著入時卻魯莽無禮的年輕人們，喧嘩而吵鬧。我用那男人給的錢吃了幾頓大餐，每天獨自喝到醉醺醺，還跑去橫濱海邊玩了一整天，過著愜意的生活直到工作合約結束回台灣。**劇情設定錯誤的童話故事總將面臨消逝命運**，那夜約會之後我跟他就完全沒再聯繫，而我確實已逐漸地淡忘這段關係，直到又過了幾年，我才在共同朋友口中得知關於他的最新消息：他搭上另一個婚外情對象卻被正宮老婆逮個正著，現在正在談判鉅額贍養費官司，而談判結束後前妻將帶著小孩移民到憧憬的東京渋谷生活。

成為人人稱羨的東京太太？

事過境遷，交了現在這個日本男友之後，我開始期待披上婚紗，開始想擁有屬於自己的家庭生活；每天把小孩打扮得漂漂亮亮、拍照傳上社群網路，成為一個人人稱羨的東京太太。但由於男友曾歷經一段失敗的婚姻，跟前妻生了個女兒，所以即便過了好幾年，他也沒有對我求婚。聖誕節、過年，該是家族團聚的日子，他總是去陪前妻跟孩子度過，所幸我對他能夠完全信任，並沒有因此感到不安；卻也隨著在東京生活的種種不適應，而對「成為日本太太」這件事沒太大期待了。

「我帶妳去吃一間很厲害的燒肉店！外國人絕對不知道！」

「好啊！在哪裡？」交往初期，男友有天心血來潮約我去吃燒肉，我聽得眼睛直發亮。

「在渋谷，一個很奇怪的地方……我們現在去！」

我這飢腸轆轆的吃貨立即用迅雷不及掩耳的速度換好衣服，跟男友一同搭上電車來到道玄坂。在曾經熟悉的上坡路段走著走著，我發現有些店家已然換了新招牌，擁擠的人群卻依然不變，依然是那麼樣的喧嘩吵雜而惱人。一瞬間，我們來到滿是色情場所的百軒店門口，然後轉彎走進有著一整排愛情賓館的小巷。

「這一區妳沒來過吧？這裡全都是賓館跟色色的泡泡浴。」

「真的耶，好奇怪的地方喔……」我假裝沒來過，其實說出來也不會怎樣；但我就是不想去解釋跟這個區塊的記憶連結。

「就是這間店！」

映入眼簾的是一間狹小而簡陋的燒肉店「どうげん」，已經將近晚上10點了卻還高朋滿座。這間店只有日文招牌、日文手寫菜單，位置在如此奇怪的花柳巷內，果然是外國人絕對不可能知道的名店。熟門熟路的男友進門後直接點了單，而這些料理之美味確實令人激賞。「涮涮燒」是將A4等級和牛薄片涮烤幾秒至三分熟，一入口，溫潤的油花頓時在舌間化開，以日文形容就叫做「**贅沢的美味**」，令人欲罷不能。和牛薄片還有另一種吃法：包蘋果細絲，雖然礙於日本禁賣生牛肉的法令，店家特地在菜單上註明「請一定要烤熟再吃！」，但能發現在場常客幾乎全都是直接生吃，蘋果的脆口加上牛肉的鮮甜不愧是值得一嘗的禁斷美味。另外還有蔥鹽牛舌、高麗菜絲沙拉……每道料理都完美極了。最後主食類招牌菜是「どうげん」獨有的涼麵「ザ・麺」，帶有嚼勁的細麵拌上豆芽與醬汁可說是我人生中吃過最好吃的涼麵！加上一顆生蛋黃則是菜單上沒有的隱藏吃法，更加濃郁順口。

「這太誇張！太好吃了！」

「唉呦？妳這吃過山珍海味的人居然也這樣說～」男友露出一副自滿得意的神情。

從那次之後，我三不五時就跟男友來「どうげん」大快朵頤，也因此變得經常出入渋谷百軒店這塊區域。有天我帶著台灣朋友來嘗鮮，當時約莫晚上9點半，眼見店中尚有幾個位子，我用日文對店員示意點單後馬上得以入座；但之後來了幾個老外，不諳英語的店員卻直接揮了揮手說「No」，然後那幾個位子便一直空到打烊。看來，這或許也是一間因語言隔閡而不太歡迎外國人的店家呢。

「百軒店」其實很有歷史，西元1923年關東地區發生了造成10萬人罹難的大地震，伴隨著火災與強風助燃，原本繁榮密集的下町區域損失特別慘重，之後，上野精養軒、資生堂、聚楽座劇場全都搬來屬於邊郊區塊的「渋谷町」避難，那時可說是道玄坂的鼎盛時期。但隨著鐵路建設完備、以渋谷為終點站的銀座線、東急東横線等開通；淺草、日本橋、下谷等地也從震災後恢復生機，這些大公司又全部搬回下町老城區了，只留下少數酒吧、咖啡店苟延殘喘，而這些小店卻又在東京大空襲中被炸毀。戰後復甦，小吃店、電影院開始來到渋谷百軒店，創於1926年、專門播放古典音樂的「名曲喫茶ライオン」也重新開業，這裡逐漸轉變為一條富有情調的商店街。曾經，道玄坂「百軒店」的重要性就等同「渋谷」，是這巨大商業區的發展中心。60年代東急集團、西武集團在偏離百軒店的「公園通り」大舉建設，道玄坂的開發也漸趨遲緩，而今日的百軒店已然成為僅剩下性產業的頹敗暗巷；直到這些年才開了些看起來有點「潮」的小餐廳，包括丹麥精釀啤酒 Mikkeller 酒吧也設在此處。

愛情賓館、應召女郎依然存在，**數以百計的男女們正在方圓百公尺內做著愛，但我那悲傷的記憶卻被美食掩蓋而去**。當然，我沒有遺忘屬於自己的黑歷史，道玄坂的這段路程是我對渋谷區的深刻記憶，也是曾讓我因心碎而覺悟的地方。我不知道自己哪天會在這兒巧遇那男人已移居東京的前妻？我想現在的她應該也像我一樣；有點兒社會適應不良，卻過得心安自在。

流行文化與世代衝擊的源頭

渋谷109百貨周遭是個非常髒亂的地方，**滿地的菸蒂、啤酒空罐、垃圾袋……我常會以為是否全日本最沒有水準的年輕人們都聚集在這裡了？**極其誇張的現象要屬一年一度的萬聖節時期；曾幾何時開始？原來該是西洋節日的萬聖節變成了東京年輕群眾的最愛，本該是小朋友穿著鬼魅服裝挨家挨戶要糖果的可愛習俗，也在渋谷演變為飲酒作亂的大型狂歡派對。萬聖夜的渋谷，絕對是全世界最符合「百鬼夜行」敘述的場面，裝扮結合恐怖與色情於一身的妖魔們在十字路口嬉鬧著，甚至做出破壞公物、鬥毆、公然性騷擾等脫序行為。這一天晚上，你絕對無法想像本該是奉公守法的日本人，居然全像被邪靈給附了身，又或著這才是東京年輕世代脫下那拘謹偽裝後的真面目？

每一年萬聖節都會出事，光2018年的萬聖節週末兩天，東京警方就在渋谷逮捕了7名肇事嫌犯，有人裸奔，有人直接奔跑跳躍過行駛中的車子，有幾人合力推倒馬路中被堵住而無法前進的小貨車……有痴漢、有人打群架、有人把酒水灌進拉麵店門口的食券販賣機中，更可怕的是還有人酒醉縱火，所幸火勢隨即迅速被撲滅。

2016年萬聖節那天我也在渋谷，即使萬般不願意踏入這混亂的區域，但男友剛好接下大型夜店「SOUND MUSEUM VISION」跨夜派對的DJ工作，我們勢必得在此待到隔天早上才能回家。晚上8點左右，我們與幾位歐美友人一同由澁谷車站走上道玄坂，這時忠犬小八周遭已經滿是妖魔鬼怪，也有不少人開始巴著行道樹在嘔吐。殭屍、星戰白兵、丘巴卡、滿身血漿的性感護士……那晚大概同時有好幾百個《自殺特攻隊》的小丑女走在街上，整條公園通飄散著濃濃酒精味，也沒人遵守不可以邊走路邊抽菸的法規。警察拿著廣播器站在武裝廂型車上大聲疾呼，要大家注意安全、別做出逾矩行為，但年輕人們依然圍繞在警車旁笑鬧與叫囂，整個畫面宛如喪屍電影中的情景，日本警方的威嚴蕩然無存。同行的外國友人白天才剛從幽靜的奈良古城來到東京，他們萬萬沒想到日本人可以有如此不理智的一面，於是興奮地拿出相機猛按快門；此時從我們眼前經過幾個殭屍女警扮裝的長腿辣妹，她們的黑色緊身皮裙短到不能再短，而仔細一看，其中一名女警的窄裙下居然露出了一叢毛髮……

「她……是不是沒有穿內褲啊？」我跟男友驚呆了，傻眼地面面相覷，外國友人則興奮地拿出數位相機畫面給我們查看，他清清楚楚地拍到了那個女生裸露的下體……她真的沒穿內褲走在大街上。或許一年之中也只有這麼一天，大家可以在東京街頭看見如AV劇情一般的畫面，不愧是「大人的萬聖節」。

有趣的是，當我們走進「SOUND MUSEUM VISION」之後，發現夜店內的狀態比大街上祥和多了；一樣是奇裝異服的酒客在嬉鬧舞蹈，但卻不像外頭般混亂而無法控制，夜店裡的顧客扮相也可愛多了，那晚大約出現了70幾個「威力在哪裡？」的威力。隔天清晨4點半，男友終於結束工作，我們走出戶外想去吃頓早餐再搭電車回家，這時印入眼簾的卻是「屍橫遍野」的畫面，各街角都是醉倒路邊的人們，滿地嘔吐物與垃圾散發出的惡臭令人食慾盡失。我還看到有幾隻鴿子正在大快朵頤地面的嘔吐物，而一台轎車呼嘯而過，其中一隻來不及閃避飛走的鴿子被活活壓爛，屍體、內臟與那些嘔吐物就這麼混為一體。

「如果有人很喜歡日本，就叫他萬聖節的時候來渋谷，他一定會變得討厭日本……」男友苦笑著如此對我說，我點點頭表示認同。當然，我們也吃不下什麼美味早餐了，只想趕快離開這個鬼地方。

往後兩年我並沒有在萬聖節時親臨渋谷，卻從電視新聞與網路討論區中發現狂歡的程度一年比一年脫序，對環境造成的破壞也年年遽增。

「這是東京嚴重的社會問題！」

「警察不能想想辦法嗎？每年都要浪費多少社會資源去清掃垃圾？」

「不可以再讓這些暴民無法無天了！」

現在只要上日本網路搜尋**「渋谷＋萬聖節」**出現的文章絕對都是罵聲一片；反之台灣有些旅遊網站卻推薦萬聖節來渋谷的體驗行程，難道縱慾過後所要承擔的社會成本跟外國觀光客無關嗎？崇尚龐克主義的我打從心底認同失控與混亂，但學運、社運、塗鴉……那些都是建築在反叛精神意識之下的暴動，而近幾年渋谷的萬聖節就單純只是瞎起鬨；沒有歷史、沒有文化背景，沒有一個人知道自己在幹麼……他們甚至不知道萬聖節原本到底是什麼？

裏渋谷的音樂與街頭文化

出生於「平成世代」的日本年輕人有個弔詭的狀況，他們極度**崇洋媚外**，追求歐美流行與價值觀，卻對真正的國際局勢一知半解。穿著 Supreme 上衣、手拿

iPhone電話、聽不懂半句英文，問他們現在美國總統是誰？可能有一半的人還會回答歐巴馬。他們的資訊來源是Instagram、抖音等社群軟體，甚至發明了許多只有同世代聽得懂的另類流行語……不只「平成世代」，從過往以來，這一切給日本社會帶來世代衝擊的現象都全部起源於此：渋谷。

東急集團最早在西元1979年開幕了「渋谷109百貨」，往後40年來，這棟建築物一直是東京的標的物，也是流行文化的發源地；其中最為人所知的就是千禧年前出現的「109辣妹」，女孩們把皮膚塗黑、畫上誇張至極的白色眼妝，乍看之下逗趣的高調裝扮在傳媒與同儕效應推波助瀾下，竟成為當時日本少女的主流審美觀。多年之後「辣妹（ギャル）」族群依舊存在，她們雖已卸下了當時那種特異造型而變得白白淨淨，但骨子裡依然是開朗魯莽、不拘小節的愛美女性。

同樣源自渋谷而影響世界的流行現象還有被歐美稱作「Kawaii Culture」的「原宿系」，以及轟動全球時裝界的「**裏原宿**」；藤原浩、NIGO、高橋盾……這些發跡自渋谷區神宮前、原宿周邊的設計師們用結合音樂文化基礎的街頭品牌，為過往虛華無趣的高端時尚產業投下震撼彈。

說起結合音樂的街頭文化史，就不得不提到宇田川町一間有20幾年歷史的DJ酒吧「Organ bar」。90年代是日本DJ與獨立音樂文化的極盛期，那時候在渋谷冒出了大量的小型DJ酒吧、獨立黑膠唱片行，男友也是那個時期從茨城來到東京拜師學藝，經過嚴格訓練後而成為一名職業DJ。

「那簡直是北韓的勞改！現在回想起師父的臉還會嚇到抖一下……」男友常常跟我說他當時的訓練有多辛苦、師父有多可怕，卻也因此練就了扎實的基本工。

2000年過後，數位串流音樂取代實體唱片成為主流，雖然因為日本國民版權意識強烈，創作音樂圈並不像其他國家受到盜版的衝擊那麼大，但當初那些獨立唱片行與DJ酒吧卻也默默地關門大吉，「DJ」的定義更是變得只要選好歌、懂得按下電腦播放鍵，然後做做樣子就好。少數堅持留存下來的本格DJ酒吧代表，就屬這間狹小雜亂的「Organ bar」了；它是許多日本傳奇DJ曾來放過歌的地方，也保存了東京近代音樂圈與街頭文化的無形歷史。

我第一次來「Organ bar」的時候還沒認識現在的男友，那時是跟幾個滑板人朋友一塊兒來的，我非常驚訝於這裡帶給我的親切感，因為它的氛圍有點像台北市師大路的「地下社會」Live House，「地社」與差不多年齡的「Organ bar」同樣見證了一個城市的獨立音樂變遷，可惜卻已不敵種種壓力而歇業。「Organ bar」的店長是位看起來年輕、其實頗有資歷的「大佛」桑，我不知道大佛桑記不記得我？但我過去常在他那兒喝醉喝到想把牆上的海報給拆下來……那是一張《2001太空漫遊》星之子的超稀有海報，我一直試圖把那張裱框海報給帶回家。有一次男友帶我去他DJ前輩們舉辦的爵士派對，來到宇田川町後我才發現我們就是要去「Organ bar」樓上的「BALL」酒吧。

「我以前都會跟朋友來Organ bar耶……」

「什麼？你怎麼會知道這麼『**裏渋谷**』的地方？」他對於我的經歷感到有點驚訝。說「裏渋谷」還真沒錯，如果說渋谷是日本流行音樂文化的中心，宇田川町就是東京地下DJ文化的中心，而DJ、潮流、滑板、塗鴉這些街頭文化總是連結在一起的，也因此這裡成為我會觸及到的生活圈。那天在「BALL」的爵士派對結束後，我們便下樓到「Organ bar」續攤，也跟大佛桑聊得很開心，而喝瞎的我又試圖把牆上那張大海報給拆下來而遭眾人阻止；之後又有一次我約朋友來喝酒，卻發現那張海報居然不見了……大佛桑把海報搬走的原因應該跟我沒關係吧？

在渋谷區跟音樂有淵源的店家，還有間我很喜歡的「なるきよ」。居酒屋「なるきよ」位在快接近青山的高級地段，雖然賣的是九州鄉土料理，但店裡散發出一股時尚潮流的氣氛；餐盤用的是國寶級前衛藝術家橫尾忠則為BEAMS繪製的髑髏青花瓷繪皿，酒器用的是陰莖形狀的竹杯。身兼主廚的店主吉田成清本身是一名SKA PUNK DJ，他對獨立音樂、電影、時裝文化非常了解，店員和其他廚師也是龐克樂團成員。以居酒屋來說，「なるきよ」的價格算是很高的，但由於美味的料理與獨特品味而被歐美網站大舉介紹，所以每天都有相當多時尚或媒體相關產業的外國客人來訪，我跟男友更是這家店的常客。

渋谷是一個對日本全國都有影響力的地方，發源自渋谷的時裝、音樂、飲食（例如近幾年在日本掀起熱潮的台灣珍珠奶茶店，一開始也都在神宮前區塊經營）……每樣東西都是日本、甚至世界年輕族群的指標，也難怪每到假日原宿竹下通總是擠滿了來自各地的遊客，而裝扮得不合時宜反而才是融入當地文化的最好方式。誇張的原宿系穿著、宮下公園的塗鴉文化，無論哪樣都是日本老一輩無法接受的創新思維，也難怪年輕人們總是聚集在渋谷，因為這裡才是他們內心所憧憬、能夠避開無謂世代對立的舒適圈。

萬聖節即將到來，不知道今年的渋谷又會被搞成什麼樣子？在這場沒有主辦單位、沒有人可以負責任的瘋狂派對上，即便出了什麼事情也都只能後果自負。眼看這混亂極有可能被延續下去，進而成為渋谷新文化的一部分，身為昭和世代的我也只能不情願地接受了。

願浮浪者永存渋谷

幾乎全世界的大都市都有流浪漢存在，東京也不例外，但或許只有日本的流浪漢不行乞，因為苛刻的日本人絕對不會施捨。

「好手好腳幹麼不去工作？」

「沒手沒腳不是有救助金可以領嗎？」

對於高稅金、社會福利也完備的日本人來說，人生會走投無路到必須伸手要飯簡直是件不可能的事；也因此東京的流浪漢們大多是自己選擇了放逐的人生。日文中的「**浮浪者**」指的是居無定所、沒有固定職業收入的人，甚至帶有點「**浪人**」的瀟灑感。東京的浮浪者們大都集中在新宿、池袋、渋谷這些年輕人眾多的區域，這跟他們的收入來源「鐵鋁罐」有很大關聯。日本的資源回收規制跟台灣不太一樣，只有鐵鋁罐等金屬製品可以拿去販賣，而要怎麼合法取得廢棄的鐵鋁罐呢？當然不可能去便利商店或車站內的資源回收桶搬，自動販賣機旁的垃圾桶也都是屬於別人的財產，而唯有像新宿、池袋、渋谷這些地方多的是不守規矩、隨意亂丟垃圾的年輕人，撿拾被棄置在路邊的空罐就成為流浪漢的主要收入。

「你在公園把空咖啡罐丟出去，那些流浪漢衝過來的速度簡直嚇死人……如果有那麼大的動力幹麼不去工作啊？」男友也曾這樣抱怨過。

其實有更多的浮浪者是連去撿空罐都懶得做，東京資源豐富、食物的浪費量也很驚人，商家多的是明明還沒變質卻因為超過期限而得丟棄的便當，流浪漢們光靠這些也能吃得飽飽的，何必要去花力氣賣空罐？雖然也是有些在進行社會關懷的慈善團體存在，但大部分日本人對流浪漢並沒有半點「同情」的情緒，甚至偏激地認為這些人是社會的敗類，應該全部被消滅。本該為市民休憩之處的都市公園不知何時成了浮浪者大本營，２０１４年更發生兩名流浪漢在渋谷大街上爭執砍殺對方的事件。右派的東京人對流浪漢恨之入骨，也因此出現了一種現象：「**浮浪者狩り**」，就是專門攻擊傷害流浪漢的狩獵活動，這在東京是一個很嚴重的社會問題。

1996年有兩名睡在代代木公園的流浪漢被不良少年們毆打，造成一人死亡、一人重傷。根據2014年的調查報告，生活在東京的流浪漢有高達4成曾被「浮浪者狩り」無端攻擊，或是拿垃圾砸在他們身上，而犯案的大多是青少年。這些未成年犯即使殺了人也不用負擔多大法律責任，受害者當然也沒有家屬會對他們求償，但最可怕的一點是：他們認為傷害流浪漢是天經地義的事，日本社會確實也在縱容這樣的思想。渋谷區議員們曾經想立法「排除流浪漢」，也就是把他們強制趕出渋谷區，當然這個法案一提出就引起人權團體批評，贊成方卻也不少。

對我來說，沒有流浪漢存在的渋谷是非常奇怪的，大家總認為流浪漢會帶來治安問題，而事實上流浪漢被攻擊的案例可比攻擊人多得多了。渋谷人該如何合情合宜地鏟除他們所認為的「都市形象害蟲」與「社會敗類」呢？2020東京奧運前的大舉建設是個很好的機會。我來到本該是熟悉的宮下公園，這個地方對我來說最美之處，就是牆上的塗鴉與角落的一處處藍色帳篷；我曾跟朋友們在這裡喝啤酒、玩滑板，還送流浪漢大叔菸抽，而現在宮下公園已被圍上施工圍籬，將在不久之後變身為和諧明亮的「新宮下公園」，屆時將再無浮浪者棲息之處。

渋谷之所以能從江戶時代的宿場、戰時的闇市，經歷1946年在日台灣人與警方武裝衝突的「渋谷事件」後進而演變為今日的繁榮，靠的都是**「接納多元文化」**這個關鍵字。如果一個社會能接受奇裝異服的人勇於自我表達，那為什麼不能接受有些人選擇自我放逐的生活方式呢？**渋谷是日本年輕世代的心靈依歸**，而年輕族群是改變老日本守舊思想的希望；身為一位城市觀察者，我希望浮浪者能永存於渋谷。「森林之所以漂亮，就是因為每棵樹都長得不一樣。」城市也是如此。

百軒店街景

「百軒店」很有歷史，它曾經是渋谷這巨大商業區的發展中心，卻隨著都市計畫轉移而委靡。現在，此處的標的物是脱衣舞酒吧「道頓堀劇場」與大小飲食店。

百軒店愛情賓館

大量愛情賓館是東京人對渋谷百軒店的印象，這些賓館生意非常好，夜晚每時每刻都能見到約會男女進進出出，當然也包含應召女郎等特種行業人士。

名曲喫茶ライオン

創於 1926 年、播放古典音樂的「名曲喫茶ライオン」在歷經東京大空襲後重新開業，現今店內依然維持著昭和元年的規矩：不能拍照、不能說話，只能專心聽古典樂。

燒肉店どうげん

燒肉店「どうげん」開在涉谷百軒店內，只有日文菜單。招牌涼麵「ザ・麵」還有加上一顆生蛋黃的隱藏版吃法，是我至今人生中吃過最美味的涼麵。

ヤキニク
ホルモン
どうげん
〇三・六四一六・一七二九

Mikkeller 酒吧

百軒店這些年才開了些看起來有點「潮」的小餐廳，包括丹麥精釀啤酒 Mikkeller 酒吧也設立在此處，週末總是聚集了不少年輕男女跟有型老外。

のんべい横丁

「のんべい横丁」是渋谷區內極少數富有昭和風情的地方，小巷中約有 40 幾間居酒屋、酒吧，也是外國觀光客愛來探訪的地點。

109 百貨

東急集團在西元 1979 年開幕了「渋谷 109 百貨」，往後 40 年來這棟建築物一直是東京的標的物。2019 年，為了迎接即將到來的東京奧運，109 睽違已久地換上了全新 LED 招牌。

↑神南一丁目塗鴉

塗鴉是在原宿常能見到的城市景觀，東京的這個地下文化最早便是從渋谷區發跡茁壯，例如以國道 246 號周遭為據點活動的塗鴉團體「Team 246」就是個代表。

↑↑街頭垃圾

東京公共垃圾桶極少的原因，有一說是為了預防恐怖攻擊時被放置爆裂物；但在遊客眾多的渋谷街頭，大量垃圾帶來的髒亂卻是很嚴重的環境問題。

CROD
PILFER
CHILE
OZONE
スタッフ専用
COUNTDOWN
牛山企画
消火器

Organ bar

「Organ bar」已有 24 年歷史，它見證了 90 年代東京獨立音樂的極盛期。這裡過去曾有許多日本傳奇 DJ 來放歌，是渋谷少數堅持留存下來的本格 DJ 酒吧。

居酒屋なるきよ

居酒屋「なるきよ」隱身在高級地段，店裡散發出一股時尚潮流的氣氛。主廚本身是名 DJ，餐盤用的還是前衛藝術家橫尾忠則為 BEAMS 繪製的髑髏青花瓷繪皿。

吉野家
プリクラ
PURIKURA
コインロッカー
180個
1F
クリスティー
アガサ
ギャラリー
ハセガワ
セサリー
BODY

↑宇田川町塗鴉

宇田川町的建築與自動販賣機上有著滿滿的非法塗鴉與貼紙，DJ、滑板……這些地下街頭文化總是連結在一起，也因此這一帶被東京人稱作「裏渋谷」。

→ 原宿竹下通

每到假日原宿竹下通總擠滿來自世界各地的遊客，年輕人穿著奇裝異服、打扮得非常誇張，在這裡有被歐美媒體稱作「Kawaii Culture」的「原宿系」流行現象。

↑宮下公園

立體高架式公園「宮下公園」曾是渋谷流浪漢聚集的地方，但現今已被圍上施工圍籬，將在不久之後變身為和諧明亮的「新宮下公園」，屆時將再無浮浪者棲息之處。

→ 渋谷車站流浪漢

109 百貨的地鐵出口是新興浮浪者聚集地，晚上總有許多無家可歸的人歇息在此處，但居然以年輕人居多？看起來也不像長期流落在外的樣子……不知有什麼隱情？

渋谷
SHIBUYA

景點
01 百軒店

景點
02 明治神宮
東京都渋谷区代々木神園町１－１
05:00~18:00

燒肉店
03 どうげん
東京都渋谷区道玄坂２－２０－９
18:00~24:00（週日公休）

咖啡店
04 名曲喫茶ライオン
東京都渋谷区道玄坂２－１９－３
11:00~22:30

景點
05 忠犬小八雕像
東京都渋谷区道玄坂１丁目２

商家
06 109 百貨
東京都渋谷区道玄坂２丁目２９－１
10:00~21:00

夜店
07 SOUND MUSEUM VISION
東京都渋谷区道玄坂２丁目１０－７
營業時間依活動而異，請洽官網

景點
08 原宿竹下通

景點
09 宮下公園
東京都渋谷区神宮前６丁目２０－１０

景點
10 代代木公園
東京都渋谷区代々木神園町２－１

酒吧
11 Organ bar
東京都渋谷区宇田川町４－９クレタケビル３階
21:00~ 打烊時間依活動而異

居酒屋
12 なるきよ
東京都渋谷区渋谷２丁目７－１４
18:00~24:30

渋谷 SHIBUYA

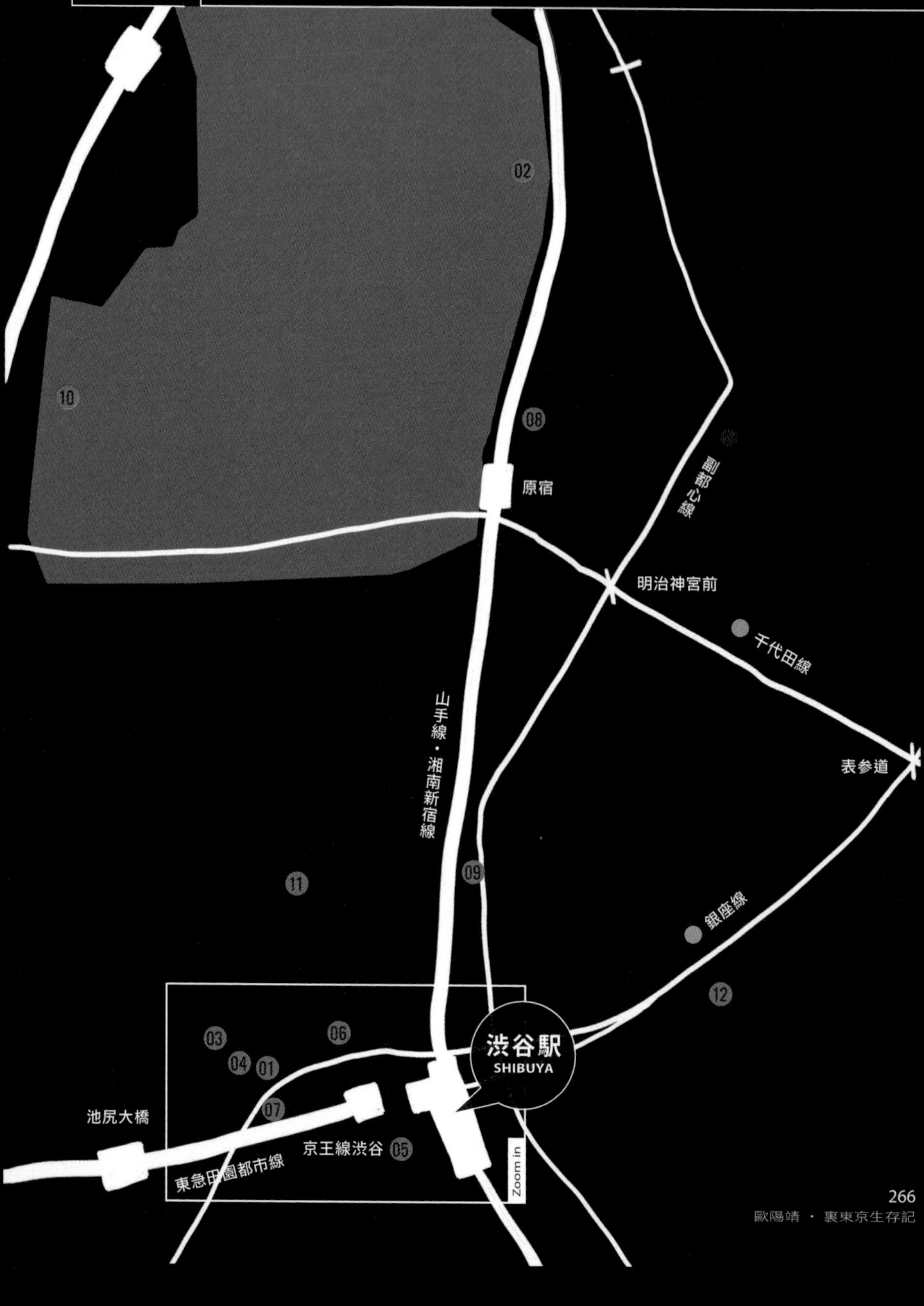
02
10
08
原宿
副都心線
明治神宮前
千代田線
表参道
山手線・湘南新宿線
11
09
銀座線
12
03
06
04
01
07
渋谷駅
SHIBUYA
池尻大橋
京王線渋谷
05
東急田園都市線
Zoom in

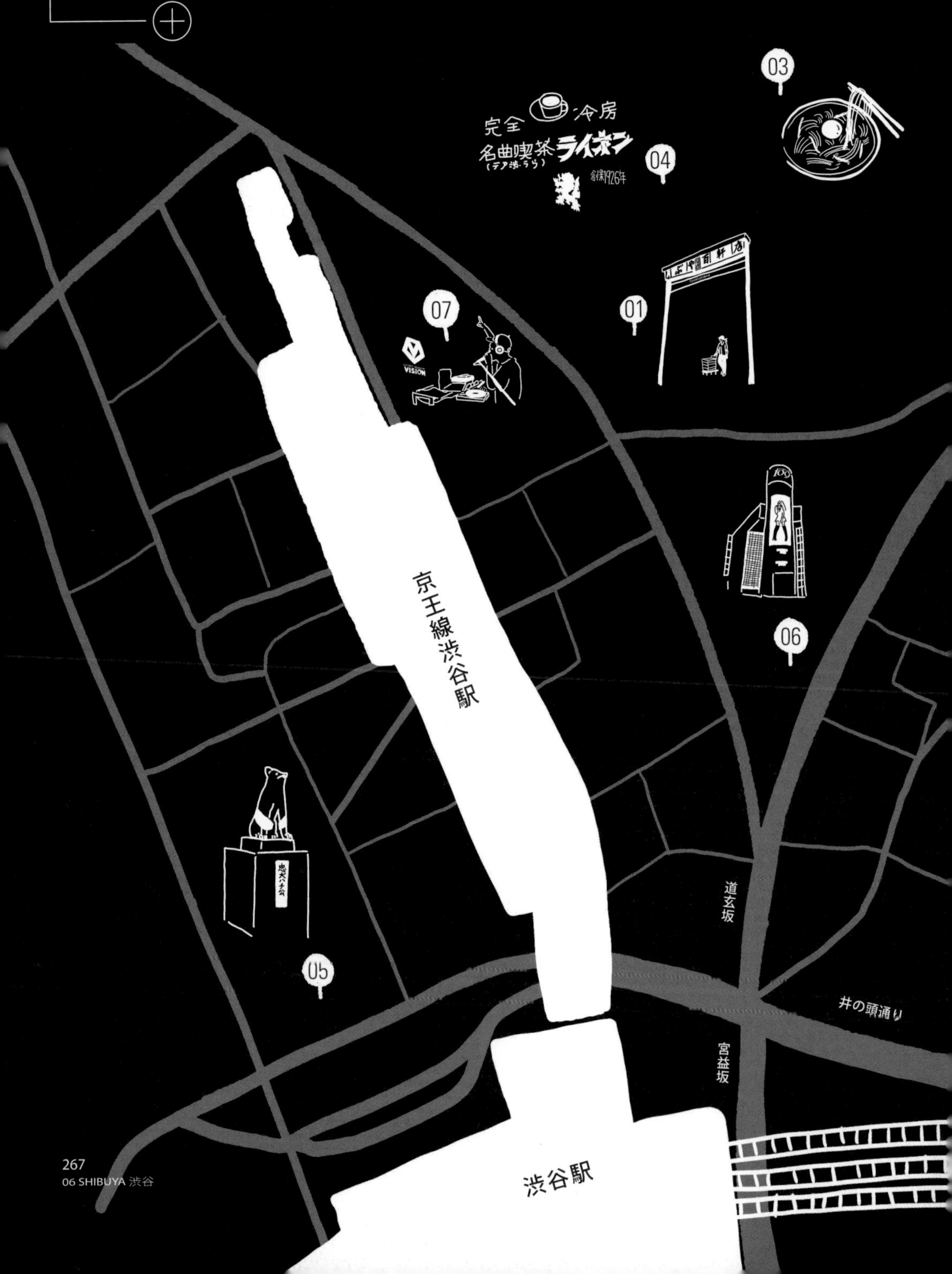
03
完全 冷房
名曲喫茶ライオン
(デア渋・うら)
04
創業1926年
しぶや百軒店
01
07
VISION
06
京王線渋谷駅
05
忠犬ハチ公
道玄坂
井の頭通り
宮益坂
渋谷駅

長小通り明和会
長小通り明和会
長小通り明和会
通り明和会
長小通り明和会
長小通り明和会
あかりの店
ライト&パーツ
FAX
サービス
OSHIBA
UCB
Hair Salon
つちや
ここ→
3957-7015
長崎
2-11
通学路
文
長崎神社御祭礼
明和会
衛藤医院
2-8

07 EPILOGUE 結語

我與東京的未來

過去，東京曾命運多舛，而現今所有人都在期待著 2020 年奧運。我不喜歡東京，這裡卻是一個值得深度探索的城市……

多年前，我曾在參拜神社時抽過一個特殊的籤，不是「吉」也不是「凶」，而是「凶後大吉」，籤文意思是歷經一切困難後終究會走向平順；而那段時期的確也是我的事業與感情谷底，這則籤詩給了我人生終將否極泰來的信心。

90年代日本泡沫經濟崩潰，之後便陷入「失落的10年（失われた10年）」；說10年只是一個形容詞，其實這個低迷的狀態維持了20年以上之久。百無聊賴的氛圍在東京感受特別強烈，7點上班、9點下班、喝酒、看電視、睡覺，然後重複循環，直到跳下電車月台自殺的那一刻……東京的上班族們就像螺絲釘般在毫無改變的城市中運轉、虛耗生命；「社畜」這個形容如同家畜為公司拚命，捨棄自我人生的流行語代表了當時日本的社會現象。而整個看似早已發展完備的都市沒有新的建設，人民對未來也沒有期許，所有人只得安分守己，過一天算一天……直到2011年發生東日本大地震，這場天災震撼了全日本人的心志，國民與政府為了重建復甦而形成一股強烈的改革意識。2013年日圓貶值重回國際股市懷抱，日本才正式宣告脫離經濟谷底。今天，全世界都在期待著2020東京奧運，除了體育場館，東京到處都在蓋新大樓、新商場，甚至連渋谷109百貨都換上了新招牌。從失落的20年、天災到重新成為奧運主辦城市，東京都的命運完全可說是「凶後大吉」的最佳寫照。其實東京的歷史一直都是如此多舛；關東大震災、東京大空襲……泡沫經濟，一次又一次天災人禍的無情摧殘，但她終究挺了過來。

我不知道是否因為這樣的經歷而造成東京人保守的民族性？他們不樂觀於任何事物，對於一切總做好最壞打算，因為不知道下一刻又會有什麼突發狀況。**東京人與人之間的情感交流很淺薄，大家都戴著一張無形面具；害怕自己對其他人造成困擾，卻也不接受別人對自己的關愛。**

從很多年前開始，我就一直想寫一本關於社會觀察的書，回歸作家本質，也善盡報導者義務，但那並非想像中容易，除了得對內容進行深入的取材與研究，還必須拿出「說實話」的勇氣，而這些事實將打破許多人對一個觀光城市的美好印象；例如「東京人其實沒那麼喜歡你」這件事。

有天，我跟幾位從台灣來玩的朋友一起去拜訪另一名長住東京的台灣女孩，那個女生獨自住在文京區的公寓內。

「我們講話要小聲一點，在門口不要說中文喔！」當她在玄關替我們開門時耳提面命了一下。

「好，在門口不要說中文。」同樣也在東京生活的我立即能理解原因，但此時另外幾位台灣朋友就感到非常狐疑了……

「為什麼不能說中文？」

「因為不要讓鄰居覺得有外國人住在這裡啊。」

「這裡規定不能住外籍人士嗎？」

「沒有規定……但日本人就不太喜歡外國人嘛……所以低調一點比較好。」聽到這個原因，那幾位台灣朋友面露驚訝表情。

「是有聽說**日本人很排外**……但他們應該喜歡台灣人吧？這麼多日本人來台灣玩，地震時我們又捐了那麼多錢……」台灣朋友如此認為。

的確，日本人很感謝311地震後台灣的善舉，他們也熱愛台灣的食物與台灣人親切好客的民族性；近年台灣更超越夏威夷，成為日本人最喜歡出國觀光的地方。但即使有再多的互惠與淵源，台灣對於部分高傲的東京人來說終究是「次等國家」，有些東京人看待台灣人的態度，就像台灣自視甚高的「天龍國人」看待東南亞移工的感覺；這些天龍國人同樣愛吃泰越料理、愛去泰國玩，但如果自家旁住了泰越移工——那可就不行了。並非日本人都如此心胸狹隘，但東京可說是特別嚴重，就連「主辦奧運」這麼美好的事，也有些當地長輩在反對——原因是他們認為奧運會帶來大量外國觀光客，造成社會治安問題。值得慶幸的是，排外的日本人們最喜歡的外國人依然是台灣，只是沒台灣人想像中那麼真心真意的「熱烈歡迎」罷了。

我常對台灣朋友說：「**如果想到日本觀光，其實可以不要來東京。**」

關西地區、北海道、東北、九州……什麼地方都比東京好，食物更好吃、人民更親切，要買的東西也都買得到。對於為了愛情而必須生活在此，我是真的萬般不願意……而我所能做到的就是對這個城市進行深刻的社會觀察，置身於此、用生活體悟感受這城市與民族性的脈動。但在歷經種種故事之後，我卻發現了一件可怕的事情，就是：「自己其實一直都跟東京人很相像。」

我崇拜美國已故作家安東尼・波登（Anthony Bourdain）的文筆，身為旅遊作家的他卻總是「說實話」。波登出身於紐約，他對「紐約人」沒什麼好的評價，而任誰都看得出來言談辛辣的他打從骨子裡就是個100％的「紐約人」。**在探索東京的這幾年，我逐漸發現自己那些討人厭的高傲與冷漠與這個城市臭味相投，這使得我學會用不一樣的角度看待自我與他人，也正面審視自己心靈的弱點；我**

的靈魂似乎正跟著東京一塊兒改變、一塊兒波動。城市所不為人知的裏側，一定要用生命「走進去」才能看得到。

「日本人根本沒有國際觀，根本不知道外面的世界是什麼樣子……」交往多年後，又一個微醺的夜晚，男友一如往常對日本民族提出抱怨。他是個真心討厭日本人的日本人，總希望哪天可以徹底離開這個國家，卻因為語言、事業、根深柢固的大和主義思維而被困在此處。

「台灣人也一樣啊！多的是自私的中老年人、很瞎的年輕人……但是我還是喜歡這個地方，因為台灣人的熱情是真心的——東京人就不一樣了。」現在的我選擇跟他站在「反日」同一立場，想起當初曾天真回應他「我們一起加油吧！」的自己覺得有點愚蠢可笑。

雖然我不喜歡東京，但不得不說東京依然有許多很棒的人事物，這是一個富含文化底蘊的大都市，如果只當個一無所知的觀光客就實在太可惜了。如果你來到日本的目的是吃美食、買電器藥妝、拍照打卡，那你真的可以不用來東京；因為這裡有全日本最擁擠的電車、最昂貴的物價、最冷漠的人群。**但如果你是想深入理**

解一個城市所不為人知的「裏側」，東京絕對是最值得冒險的地方。

我喜歡改變，也一直追求改變。我不知道自己與東京的未來會走向何處？將遭遇到什麼事情？又或者某天我會棄之而去。我只知道無論如何都能挺過一切瓶頸，隨之迎來嶄新生命歷程，繼續為我的靈魂帶來文化衝擊與震盪……也繼續吃燒肉、繼續上居酒屋、繼續泡錢湯。

這本著作的完成要感謝我的東京好姐妹**「水曜日的台灣女子會」**。我們都是為了就學、婚姻、追求人生目標等原因而遠從台灣來到東京生存的堅強女子，這段時間姐妹之間給了我很多幫助跟鼓勵。

最後，謝謝我的攝影師男友RK，他為本書拍攝了封面跟主要照片，也領著我看到不一樣的裏東京光景。

SAPPORO
小料理
隠岐
☎ 3957-2923
居酒屋
立ち飲み
コーナー
アイリII

飲食・交通・生活

裏

APPENDIX

你不知道的東京生存禮儀

「為什麼餐廳總是給冰水？」
「為什麼街上垃圾桶那麼少？」
「為什麼居酒屋偷偷多收我錢？」

對於全世界最熟悉日本文化的台灣人來說，雖然東京早已經是個國際大都市，但依然存在許多讓外國人無法理解的「眉角」，這些有可能是大和民族禮節，也有可能只是經年累月的「不成文規定」，而部分日本人並不知道自己的禮儀與國際沒接軌，常將誤觸地雷的外國人當作白目觀光客，搞得外國人也往往一頭霧水。被店家刻意安排到狹窄的座位、站在路上莫名其妙被指責……我偶爾會聽聞台灣朋友到東京遊玩時的不愉快經驗，更別說是在這裡生活的新住民顯得有多格格不入了。當然，東京也有很多對外國客包容友善的人們，但還是要先瞭解一下當地的特殊文化比較好，於是我便整理了這些資料，希望能一解大家心中的「為什麼？」

飲食禮儀

×日本人習慣在居酒屋、串燒店、燒肉店、板前壽司店點餐前一定先點飲料;飲料決定後服務員會去準備,這個時候才慢慢看菜單決定要點的食物。

×日本居酒屋會有「お通し」的傳統,也就是在客人點酒後主動先上的一盤小菜,那盤小菜是要收費的,並非免費招待。每間店價格不同,約在日幣150円~550円之間,價位不會事先告知。當然也可以退回或詢價,但其實有點失禮。日本美食家將「お通し」作為判斷一間居酒屋料理是否好吃的關鍵,而且那道小菜有可能是隱藏菜單,價格也不貴,除非真的是不敢吃的食材,否則建議要嚐嚐。

×在一般平價餐廳要拍照通常沒問題,如果是去比較昂貴高檔的場所,想拍照前一定要先詢問服務人員,即使只是拍攝食物也要徵求同意。但無論在什麼地方都不可以使用閃光燈,也不可以拍到其他客人。

×跟日本人聚餐時,不點飲料是不禮貌的;除非要開車或特殊原因,不然最前輩的人點酒精飲料,大家都得點酒精飲料。如果前輩點軟性飲料,大家都得點軟性飲料。飲料的選擇也有眉角:可以跟前輩點相同的飲料,但不能點得比他高價。

×跟日本人聚餐時,無論誰的飲料先來了都不能喝,桌上有食物也不能先動筷;一定要等每個人的飲料都到齊了,由最前輩的人舉杯喊「乾杯」,之後才能開始吃喝。

×日本人去居酒屋時通常不會在一開始就點主食類料理,而是在酒喝夠了,準備買單前才會點飯、麵類主食(包括飯糰、茶泡飯、炒麵……)。主食料理稱作「〆(しめ)」,意思是最後才吃的。點菜也採用追加模式，而不是一次把想吃喝的東西都點齊。

×有些居酒屋、串燒店是不能帶未成年人、兒童進去的，如果與孩子同行，建議先詢問調查好規則。

×西元2020年東京都將開始實施「餐飲店內全面禁止吸菸」，但個人或家庭式營業（沒外聘員工）的店家則不受此限。

×吃生魚片或壽司時，到底能不能先把芥末、醬油在碟子中混在一起呢？答案是：看你去的餐廳有多高級。如果是一般居酒屋或迴轉壽司店，混在一起亂沾就好了，日本人也都是如此。我還在連鎖壽司店看過有日本人把醬油、甜薑、芥末全部攪在一起放在壽司上吃的。高級板前壽司店則要聽師傅指示，甚至什麼都不沾才禮貌。

×吃飯前說「いただきます（我要開動了）」，這句話的原意其實是表達對天、地、生靈的感激之意，動物獻出生命才讓自己得以飽餐。獨自吃飯時要不要說都沒關係，但懷抱感恩的心是美德。至於飯後離開餐廳時，對店家說句「ごちそうさま（謝謝招待）」就是必須的禮節了。

×東京的餐廳大部分都沒有提供「打包」服務（除非部分有販賣外帶便當的店），而不能外帶的店家，即使自備餐盒也通常不讓你打包。為避免浪費，點餐請量力而為。

×為什麼日本餐廳總是提供冰水？其實真的就只是習慣性的問題，日本人覺得冰水比較好喝，啤酒也要冰鎮透涼。他們認為「常溫」的口感是噁心的，只有吃藥時才會喝不冰的水。喝不慣當然可以跟店家要熱水，但店家通常準備的是泡茶用的沸水。如果想喝「溫水」只能自己吹到涼，或各要一杯冷水跟熱水自己　了。跟店員要「溫水」將可能造成店家困擾，因為日本人從不喝溫水，他們不知道適溫的定義是什麼……

×日本餐廳或便利商店沒有提供「裝水」服務，如果注重環保自備水壺，或是要幫嬰兒泡奶粉需熱水，都請自行在旅館內裝好。

×吃拉麵、蕎麥麵、烏龍麵等麵食要發出吸麵的聲音，這是禮貌，代表食物好吃；但千萬不能有咀嚼聲，也不能打嗝。用吸管喝冷飲時，如果吸到底而發出聲音也會被視為不禮貌。

×在東京能不能「邊走邊吃」要看區域，日本人通常將邊走邊吃視為沒禮貌的事情，但在原宿、渋谷等年輕人多的地方則接受邊走邊吃「沙威瑪（ケバブ）」、「珍珠奶茶」、「可麗餅（クレープ）」這些東西；其他食物要邊走邊吃還是不太行。

×比起料理偏甜而清淡的日本關西地區，東京人的口味的確比較濃鹹，這是從江戶時代以來的飲食習慣；在東京吃飯時要有心理準備。

交通禮儀

×博愛座到底要不要禮讓？在東京搭電車或公車時，如果博愛座（日文是「優先席」）有空位都可以坐，空著座位不坐才沒禮貌。但若看到孕婦、抱著幼兒的父母，或有明顯身體不便的乘客上車，就一定要立刻讓座。看到老人家或長者呢？這時候就要靠「讀空氣（察言觀色）」的功夫了，如果那名老人家的眼神有在尋找位子的感覺，就要站起來讓座；如果對方沒有在找位子且一派輕鬆，就不需要讓座。畢竟許多日本老人家不喜歡自己被當成「弱者」的感覺；你讓座了，反而白目沒禮貌。總之，有座位就先坐，不要站著阻擋到車廂內步行空間。

×搭電車時怎樣是沒禮貌？講電話（傳語音訊息也不行）、手機發出聲音、大聲聊天……只要吵到別人就是沒禮貌。但電車內都可以自由飲食，只要不要吃喝氣味重或會滴漏湯汁碎屑的食物而影響到別人……倒也是常見有日本人在搭末班電車時喝酒還嘔吐就是了……

×在尖峰時間搭電車時，如果下一站要下車，不需要提早擠到門前等待。東京人都是在車門打開前的最後一刻才起身，因為這樣才能將對其他乘客的影響時間減至最低。

×走路慢的人不要走在路中間或擋在店家、車站門口。東京步調比較快，如果走得慢很可能會直接被日本人開罵，他們通常會很嚴厲。

×東京騎腳踏車的人很多，他們都騎得很快很猛，步行時一定要小心！

×除非有特殊需求，不然絕不推薦在東京以租車自駕的方式觀光，東京的停車費非常昂貴；有些區域的停車場（例如銀座）收費甚至高達10分鐘500日圓！

×切記！喝酒不開車！日本酒駕罰責非常重，最高5年刑期，未來也將無法入境。而且採連坐處分，同行者、朋友跟店家也都會被判刑！

生活禮儀

×不要再穿「極度乾燥（Superdry）」品牌的服裝到日本玩了！這其實是英國的牌子，而商品上的日文語法都是錯誤的，我常見到穿著此牌衣服的台灣人在東京街頭被日本人嘲笑與指指點點……

×日本文化保守，對於刺青（紋身）族群的限制也很多，基本上溫泉、海水浴場、游泳池都不允許有紋身的人入內，大眾澡堂（錢湯）通常沒問題，但還是要事先調查店家規則比較好。

×在東京便利商店購買兩樣東西以上時，店員一定會主動提供塑膠袋。為了環保可以拒絕，但我建議留著塑膠袋，因為東京街頭垃圾桶非常少，那個小袋子能拿來裝隨身垃圾，它的材質易碎可分解。東京公共垃圾桶少的原因，官方說法是「預防恐怖攻擊時被放置爆裂物或毒氣瓶」，但其實跟強迫教育（逼民眾得把隨身垃圾帶回家丟）、減低清潔開銷也有關。

SURVIVOR FROM TOKYO

GinOy

トイレ Toilets

敷地内禁煙

catch 244
SURVIVOR FROM TOKYO
歐陽靖・裏東京生存記

作者 歐陽靖 | 攝影 RK |
總編輯 湯皓全 | 主編 CHIENWEI WANG | 特約編輯 SHUYUAN CHIEN
美術設計 三人制創 | 插畫 BIANCO TSAI

出版者 大塊文化出版股份有限公司
10550 台北市南京東路四段 25 號 11 樓 | www.locuspublishing.com | 讀者服務專線 0800-006689
TEL (02) 87123898 FAX (02) 87123897 | 郵撥帳號 18955675 | 戶名 大塊文化出版股份有限公司
E-MAIL locus@locuspublishing.com | 法律顧問 董安丹律師、顧慕堯律師 | 總經銷 大和書報圖書股份有限公司
地址 新北市新莊區五工五路 2 號 | TEL (02) 89902588（代表號） FAX (02) 22901658
製版 瑞豐實業股份有限公司 | 初版一刷 2019 年 7 月

定價 新台幣 450 元
ISBN 978-986-213-985-1

歐陽靖 . 裏東京生存記 / 歐陽靖著 . -- 初版 .
-- 臺北市 : 大塊文化 , 2019.07
288 面 ; 17×22 公分 . -- (catch ; 244)
ISBN 978-986-213-985-1(平裝)
1. 人文地理 2. 文化 3. 日本東京都
731.726085 108008909